AF579907

ERRATA

Pages	Lignes				
4	29	*Lire :*	exécré	*au lieu de :*	exécrée.
13	9	»	suppression	»	supresssion.
23	5	»	Bœhm	»	Bœhn.
34	6	»	Okeghem	»	Ochegen.
43	24	»	en Europe	»	de l'Europe.
45	2	»	Rinuccini	»	Rinnuccini.
48	2	»	Segreto	»	Segretto.
»	5	»	Gluck	»	Glück.
»	7	»	»	»	»
»	20	»	»	»	»
51	3	»	Pollarolo	»	Pollarola.
»	15	»	Scarlatti	»	Scarlatini.
52	9	»	Castrovillari	»	Castrovilari.
»	10	»	Bassani	»	Bassini.
»	13	»	Geminiani	»	Germiniani.
55	23	»	Sammartini	»	Samartini.
56	8	»	Froberger	»	Frohberger.
»	11	»	XVIIIe siècle	»	XVIIe siècle.
»	13	»	Gluck	»	Glük.
57	14	»	autodidacte	»	antodidacte.
62	2	»	Süssmayer	»	Susmayer.
66	25	»	Mouret	»	ouret.
67	11	»	Hippolyte	»	Hypolyte.
72	20	»	Desaides	»	Dezaides.
77	8	»	Chambonnières	»	Charbonnières.
78	7	»	Souhaitty	»	Souhaity.
»	13	»	Chevé	»	Chevet.
83	7	»	Freyschutz	»	Freychutz
84	10	»	Elias	»	Hé ias.
87	7	»	caractéristiques	»	caractéristique.
»	28	»	Kinderscenen	»	Kinderscenem.
»	28	»	Albumblätter	»	Albunblatter.
»	29	»	Bunteblätter	»	Bunteblatter.
94	26	»	Auber	»	Aubert
95	11	»	»	»	»

Pages	Lignes				
96	9	*Lire :*	Hippolyte Monpou	*au lieu de :*	Hipolyte Mompou.
»	17	»	Maillart	»	Maïllard.
98	12	»	Stoltz	»	Stolz.
100	13	»	Bénédict	»	Bénédit.
107	15	»	Liszt	»	Listz.
»	21	»	rhapsodies	»	rapsodies,
108	18	»	Dvorak	»	Dvorach.
109	8	»	Rimský Korsakow	»	Rimsky Korsakoff.
»	»	»	Moussorgski	»	Moussorgsky.
»	14	»	Tschaikowsky	»	Tchaikowsky.
111	1	»	Tallis	»	Taillis.
113	9	»	Salammbô	»	Salambo.
114	9	»	rhapsodie	»	rapsodie.
115	19	»	Gigout	»	Gigoult.
116	3	»	Pelléas	»	Péléas.
»	»	»	Mélisande	»	Mélisandre.
118	16	»	Quels genres	»	quel genre.

TABLE DES MUSICIENS

Lire :	Auber	*au lieu de :*	Aubert
»	Boïto Arrigo	»	Boïto Arigo.
»	Bœhm	»	Boehn
»	Castrovillari	»	Castrovilari.
»	Chevé	»	Chevet.
»	Desaides	»	Dezaides.
»	Dvorak	»	Dvorach.
»	Geminiani	»	Germiniani.
»	Giov batt del Violo	»	Giov batt des Violo.
»	Liszt	»	Litz
»	Monpou	»	Mompou.
»	Moussorgski	»	Moussorgsky.
»	Okeghem	»	Ochegen.
»	Rimsky Korsakow	»	Rimski Korsakoff.
»	Sammartini	»	Samartini.
»	Souhaitty	»	Souhaity.
»	Stoltz	»	Stolz
»	Tallis	»	Taillis.
»	Tschaikowsky	»	Tchaïkovsky.

Lettre de M. Henri MARÉCHAL, ✳, Inspecteur de l'Enseignement Musical au Ministère des Beaux-Arts, Membre du Conseil Supérieur d'Enseignement au Conservatoire de Paris.

A Mademoiselle Élise VIGOUREUX.

Paris, le 12 Février 1904.

Mademoiselle,

L'ouvrage que vous avez bien voulu me communiquer sur l'Histoire de la Musique me paraît destiné à rendre de très grands services.

Il évitera aux professeurs des recherches toujours longues — et même assez difficiles à entreprendre en dehors des grandes villes ; — il mettra sous les yeux des élèves un résumé succinct suffisant aux tout jeunes et que leurs aînés pourront considérer comme la préface de renseignements plus étendus.

Aux amateurs, enfin, votre livre offre encore une excellente méthode de travail avec une précieuse orientation.

Puissent ces qualités évidentes être reconnues du plus grand nombre et donner à votre travail une bonne place dans toutes les bibliothèques musicales.

Je le souhaite, Mademoiselle, en vous félicitant et en vous priant d'agréer l'expression de mes sentiments les meilleurs

MARÉCHAL.

MANUEL
D'HISTOIRE GÉNÉRALE DE LA MUSIQUE

MANUEL

d'Histoire Générale de la Musique

A L'USAGE DES CLASSES DE SOLFÈGE

PAR

Mlle Élise VIGOUREUX

PROFESSEUR D'HISTOIRE DE LA MUSIQUE AU CONSERVATOIRE
DE MARSEILLE

MESSERER, Éditeur
74 et 76, rue Saint-Ferréol, Marseille

1904.

A Monsieur Henri Messerer,

Professeur d'Harmonie
Directeur du Conservatoire de Musique et de Déclamation
de Marseille.

Son Élève reconnaissante,

E. V.

PRÉFACE

Je n'ai pas l'intention d'offrir, dans ce manuel, une histoire, même abrégée, de la musique. Mon but, plus modeste, est de mettre à la portée des élèves des classes de solfège, les éléments essentiels de cette histoire, pour leur permettre de se familiariser, de bonne heure, avec les grands noms, les grandes œuvres ; et, surtout, faire naitre dans leur esprit, le désir de connaitre tout ce qui touche à l'art musical. J'ai tâché de réaliser ce désir avec clarté et concision, aidée en cela par l'expérience acquise durant dix années de professorat, au Conservatoire de Marseille.

Pour ce manuel, comme pour mon Cours au Conservatoire, j'ai mis à contribution de préférence les ouvrages originaux ; en tous cas, ceux qui m'ont paru être les plus importants pour mon sujet ; et je ne saurais dire assez tout ce que je dois, pour n'en nommer que quelques uns, car ils sont légion, aux travaux de Fétis, A.-F. Geavert,

Coussemaker, David et Mathis Lussy, Chouquet, Tiersot, Lavoix, Michel Brenet, Bourgault-Ducoudray, C. Bellaigue, Art. Coquard, Hugo Riemann, Pagnerre, Marcillac, Malherbes, Pougin, Soubies, Mereaux, Lenz, Reyer.

Pour faciliter l'étude de ces premiers éléments de l'histoire de la musique, j'ai cru devoir faire suivre chaque chapitre d'un questionnaire, qui sert aussi de récapitulation.

Mon but est essentiellement pédagogique. Ce manuel est surtout destiné aux enfants. Puissent-ils y prendre autant d'intérêt que j'ai eu de plaisir à l'écrire pour eux.

Elise VIGOUREUX

Professeur de l'Histoire de la musique,
au Conservatoire de Marseille.

PREMIÈRE PARTIE

Origine des Principaux Éléments de la Musique

NOTATION

Les *notes* nous viennent des neumes. Cette écriture musicale, dont on a fait usage du VIe au XIIe siècle, se composait de points, virgules, accents, petits traits dans différentes directions, crochets plus ou moins contournés. Notes

Au XIIe siècle, ces signes commencèrent à prendre des formes plus précises telles que :

Double longue. Longue. Brève. Semi-brève. Minime.

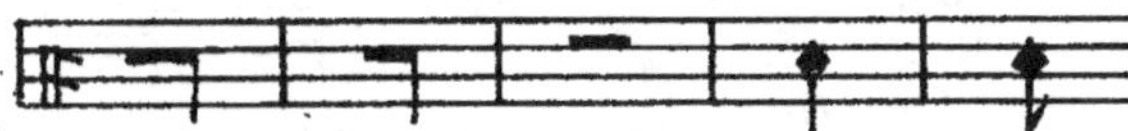

Ces formes avaient entre elles des valeurs proportionnelles. Cette écriture nouvelle prit le nom de notation noire ou carrée ; elle était aussi appelée mesurable, proportionnelle et figurée.

Au XIIIe siècle il était d'usage, dans la notation proportionnelle d'employer, l'encre rouge ou l'encre noire selon, la durée des notes. Pour obvier à l'inconvénient de se servir de deux encres, au XIVe siècle on imagina de laisser en blanc le centre de certaines figures de notes pour en distinguer la valeur ; la notation prit alors le nom de notation blanche, au lieu de notation noire. C'est cette écriture perfectionnée qui est arrivée jusqu'à nous.

Au Xe siècle remonte l'usage de nommer les six premières notes de la gamme *ut, ré, mi, fa, sol, la.* On doit cette innovation à Guy d'Arezzo, moine de Pompose, qui a tiré ces noms de la première syllabe de chaque vers d'une hymne à Saint-Jean-Baptiste.

Hymne à St Jean, d'où a été tiré le nom des notes.

La 7e note *si* étant restée variable (1) durant tout le Moyen âge, ne reçut son nom qu'en devenant fixe vers 1550. Le flamand Waelrant forma cette syllabe des initiales de Saint-Jean : S. J., Sancte Johannes (dernier vers de l'hymne).

En 1640, l'Italien Doni substitua l'appellation *do*, première syllabe de son nom, à celle d'ut, pour faciliter l'émission vocale de cette note.

Clés

Avant l'emploi des neumes, on fit usage durant les six premiers siècles de l'ère chrétienne, de la notation dite *alphabétique*, parce qu'on se servait pour l'écrire des lettres de l'alphabet romain. Ce mode de notation par lettres était imité des Grecs qui, eux-mêmes, le tenaient, probablement des Hindous. Les *clés* nous viennent de cette notation ; elles ne sont que des lettres déformées. La clé de *sol* était jadis un G, la clé de *fa*, une F et la clé d'*ut* un C. La gamme du Moyen âge, comme celle des Grecs, commençait par le *la*.

A	B	C	D	E	F	G
la	*si*	*do*	*ré*	*mi*	*fa*	*sol*

(1) La 7e note était variable, tantôt naturelle, tantôt abaissée d'un 1/2 ton, pour éviter l'intervalle de quarte augmentée du 4e au 7e degré qui était exécrée des anciens.

Les Allemands désignent encore aujourd'hui le *si* bécarre par un H, et le *si* bémol par un B.

L'usage des clés remonte au xe siècle.

Altérations

Nous devons aussi à la notation alphabétique les signes d'*altérations* ; ils ont leur origine dans la lettre B qui, dès le xe siècle, fut employée sous deux formes pour représenter la note *si*. On figurait le *si* naturel en donnant une forme carrée à la lettre *b*, ♮ bé carré ou bécarre ; lorsqu'il était nécessaire de corriger la dureté de l'intervalle de triton, (*fa si*) on abaissait le *si* d'un 1/2 ton. Alors, on donnait au B, une forme tout à fait arrondie B, bé mou ou bémol.

Pendant le XIIIe siècle le *bé carré* ♮ prit, par le fait de l'écriture courante aussi bien la forme du ♯ que celle du ♮ et l'on s'en servait indiféremment pour *débémoliser* le *si* ou pour hausser le *fa* d'un demi-ton. Au moyen du *fa* ♯ on corrigeait également le mauvais effet du triton.

La confusion dura jusqu'au XVIIIe siècle, époque à laquelle le ♯ et le ♮ prirent peu à peu leur signification respective. Ce ne fut que vers 1700 que s'introduisit l'usage du double dièze (x) et du double bémol (♭♭).

Silences Les valeurs de *silences*, qui existaient dans la théorie grecque, ne paraissent pas avoir été en usage dans la notation neumatique du Moyen âge ; mais, la musique polyphonique (ou musique à plusieurs parties), a nécessité leur emploi, et l'on rencontre des signes figurant des silences dans les plus anciens ouvrages de la musique proportionnelle et mesurée des XIIe et XIIIe siècles.

Portée Le principe de la *portée* remonte au Xe siècle. Pour faciliter la lecture des neumes, on fixa la hauteur du son par une ligne imaginaire indiquée par une lettre servant de clé ; d'imaginaire la ligne devint réelle, puis le nombre de lignes augmenta et varia durant cinq siècles. Ce ne fut que pendant la seconde moitié du XVIe siècle qu'on fixa définitivement à cinq le nombre des lignes de la portée.

Mesure A l'époque de la notation noire, on indiquait la *mesure* en plaçant au commencement du morceau un signe qui donnait à la plus longue figure de note une valeur binaire ou ternaire, et la durée des autres figures lui était proportionnée. C'est ainsi qu'au XIVe siėle, Philippe de Vitry, évêque de Meaux, qui le premier enseigna à se servir du rythme binaire, inventa le cercle entier O pour figurer le rythme ternaire et le demi-cercle C pour figurer le rythme binaire. En barrant ces deux signes, les notes perdaient, comme dans la notation moderne, la moitié de leur valeur. C'est là l'origine des signes indicateurs de nos mesures à $\frac{4}{4}$ C et à $\frac{2}{2}$ 𝄵

L'usage des barres de mesure remonte au XVIIe siècle.

QUESTIONNAIRE

Quelle est l'origine des notes ?

Qu'est-ce que les neumes ? Quand a-t-on fait usage de cette notation ?

Quelle est la notation qui a succédé à la notation neumatique ? Quels sont ses différents noms ?

Quelle est la notation qui apparaît au XIVe siècle ?

A quelle époque remonte l'usage de nommer les six premières notes de la gamme, par les syllabes employées encore aujourd'hui ?

D'où viennent les noms des notes ? A qui les doit-on ?

Quand la 7e note de la gamme est-elle devenue fixe ? A quelle époque ? Qui lui a donné son nom ?

Qui a substitué la syllabe *do* à celle d'*ut* ? Pourquoi ? A quelle époque ?

De quelle notation avait-on fait usage avant les neumes jusqu'au VIe siècle ?

Que devons-nous à la notation alphabétique ?

Qu'étaient jadis nos clés ? A quelle époque remonte l'usage des clés ?

D'où viennent les signes d'altération ? Expliquer leur origine ?

Où commence-t-on à trouver les signes de silence ?

Quelle est l'origine de la portée ? A quelle époque remonte-t-elle ?

A quel moment a-t-on fixé à cinq le nombre des lignes de la portée ?

A quand remonte l'emploi des barres de mesure ?

Quels sont les signes indicateurs de la mesure qui remontent à la notation proportionnelle du XIVe siècle ? A quel musicographe les doit-on ?

TONALITÉ

Plain-Chant Le principe du *tétracorde* de la gamme remonte à l'antiquité grecque.

Le système musical des Grecs modifié devint le *plain-chant*, tonalité dont on s'est servi durant tout le Moyen âge. Le plain-chant est diatonique, il n'emploie que les sept notes naturelles. La grande différence qui existe entre le plain-chant et notre tonalité consiste dans la pluralité des modes. Tandis que nous n'avons que deux modes ou manières d'être de la gamme diatonique, le majeur et le mineur, le moyen-âge en avait autant que de notes dans la gamme, c'est-à-dire sept. Chacun de ces modes dont l'étendue, nommée *ambitus*, est de onze notes, se partage en deux tons : l'*authentique* et le *plagal*.

Le plain-chant n'est pas rythmé. Cette tonalité a été conservée dans la musique religieuse de différents cultes, (catholique, protestant, greco-russe) et dans certaitaines chansons populaires.

La transformation de la tonalité du Moyen âge en tonalité moderne a duré plusieurs siècles. Cette lente évolution commence à s'accentuer au XIIe siècle, et n'est définitivement accomplie qu'à la fin du XVIIe. La théorie est d'accord avec la pratique au commencement du XVIIIe siècle seulement.

Cette transformation s'est effectuée par l'introduction de l'altération de certaines notes, remplissant fréquemment le rôle que nous attribuons à notre *sensible*.

Modulation

A la fin du XVIe siècle apparaît un des événements les plus importants de l'histoire musicale : la *modulation*. Ce fût là une source de richesses pour le compositeur qui put, grâce à la modulation, coordonner la phrase musicale, varier sa mélodie et la rendre plus expressive.

Tempérament

Théoriquement et selon les lois de l'acoustique, le demi-ton diatonique et le demi-ton chromatique ne sont pas des intervalles égaux, l'un étant plus grand que l'autre d'un comma (9e partie du ton). Mais, dans la pratique et principalement pour les instruments à son fixe, tels que le piano, l'orgue, la harpe, jeux de timbres, etc., on est obligé, en accordant ces divers instruments, de diviser chaque ton en deux parties égales, qui alors produisent indifféremment le 1/2 ton chromatique ou le 1/2 ton diatonique. Cette modification dans l'accord des sons d'un instrument se nomme *Tempérament*.

Le *Tempérament* date du XVIIIe siècle. Ce fut le grand Jean-Sébastien Bach qui, à cette époque, en fit le premier l'application au clavicorde et à l'orgue. Il écrivit à cet effet son *Clavecin bien tempéré*, œuvre classique par excellence, qui se compose de 48 préludes et fugues dans les **24** tons majeurs et mineurs.

Ordre Pluritonique

C'est le *tempérament* qui a donné naissance à l'*enharmonie*, base de l'ordre tonal dit *pluritonique*, ainsi appelé parce que cet ordre traite de la pluralité des tendances tonales.

Exemple : **Pluralité des tendances tonales de l'accord de 7me diminuée ; — autrement dit les résolutions de l'accord de 7me diminuée et de ses renversements, produisant différentes modulations au moyen de l'enharmonie d'une ou plusieurs notes de l'accord.**

7e du ton de mi ♭ min. ou de mi ♭ maj.
+6 du ton de do min. ou de do maj.
+4/3 du ton de la min. ou de la maj.
+2 du ton de fa♯ min. ou fa♯ maj.
7e du ton ré♯ min ré♯ maj

C'est au moyen de l'ordre pluritonique que les grands compositeurs du XVIIIe siècle purent développer la phrase musicale, en même temps qu'ils eurent la facilité de rapprocher les tons les plus éloignés.

Ordre Omnitonique

L'ordre *pluritonique* a, par son excessif développement, engendré l'ordre *omnitonique*, caractéristique des tendances modernes qui visent à la supression de l'unité tonale.

Dans cet ordre *omnitonique*, la fréquence souvent exagérée des modulations, les cadences vagues et imprécises, l'abus du chromatisme, contribuent à détruire dans l'esprit de l'auditeur le sentiment d'une tonalité bien établie, forcent son attention en l'obligeant à se reconnaître au milieu de ce dédale de tonalités diverses à peine effleurées, l'intéressent quelquefois, et lui font accueillir avec une plus grande satisfaction le repos de la cadence finale.

QUESTIONNAIRE

A quand remonte le principe du tétracorde de la gamme?

Quel nom portait la tonalité au moyen âge?

Quelle différence capitale y a-t-il entre la tonalité du moyen-âge et la tonalité moderne?

Combien le plain-chant comprend-il de modes? Comment se divisent ces modes?

Dans quel genre de musique la tonalité du plain-chant a-t-elle été conservée?

La transformation de la tonalité du Moyen-âge en tonalité moderne s'est-elle faite rapidement?

Comment s'est effectuée la transformation de la tonalité du Moyen âge en tonalité moderne?

Quelle est l'innovation importante qui s'effectue à la fin du XVIe siècle?

Quels furent les avantages de la modulation?

Quelle est la loi tonale adoptée au XVIIIe siècle pour faciliter la pratique de la gamme? Quels sont les instruments qui nécessitent surtout son emploi?

Quel est le musicien qui appliqua le premier le tempérament au clavicorde et à l'orgue.

A quel ordre tonal le tempérament a-t-il donné naissance?

Quels furent les avantages apportés par l'ordre pluritonique?

Quel est le nom de l'ordre qui caractérise les tendances modernes? A quoi vise-t-il?

HARMONIE

Diaphonie ou Organum

L'existence de l'*harmonie* dans l'antiquité, longtemps discutée, est aujourd'hui certaine, mais les plus anciens documents ne remontent qu'au VIIe siècle avec Saint-Isidore, évêque de Séville. On désigna l'harmonie au Moyen âge sous le nom de *Diaphonie* ou *Organum.*

D'après *Hucbald de Saint-Amand,* musicographe de la fin du IXe siècle, la diaphonie est « *un chant harmonieux de sons dissemblables entendus simultanément.* »

Déchant

Lorsqu'on commença à faire usage de la musique mesurée, au XIIe siècle, naquit un nouveau genre d'harmonie appelé *déchant* (double chant, dans lequel les différentes parties étaient composées de sons de durées diverses. Le déchant différait surtout de la diaphonie en ce qu'il était mesuré.

Contre-Point

Ce n'est qu'au XIVe siècle qu'apparaît le mot de *contrepoint.* Cette forme musicale, dans son sens primitif, est l'art de faire concorder une note avec une autre note, puisque les notes portaient le nom de point dans la notation neumatique.

Fugue. Canon

Le contre-point, dès le XIVe siècle, commence à prendre des formes particulières telles que la *fugue* et le *canon*.

Le mot de fugue vient du latin *fuga* qui veut dire *fuite*. Ce genre de composition est écrit à plusieurs parties en style d'imitation; les parties entrant les unes après les autres, semblent se fuir : de là le nom de cette forme musicale riche de combinaisons harmoniques.

Le canon, de la même famille que la fugue, est aujourd'hui une composition dans laquelle deux ou plusieurs voix entrant successivement, marchent suivant une succession d'intervalles identiques. Exemple le canon populaire : *Frère Jacques, dormez-vous ?*

Bases Scientifiques de l'Harmonie

Les principes de l'harmonie ne furent établis sur des bases scientifiques, c'est-à-dire sur la résonnance naturelle des corps sonores, qu'au XVIIIe siècle. C'est à Rameau, le plus grand des musiciens français, que revient l'honneur de cette innovation. C'est encore la théorie de Rameau qui sert de base à l'enseignement actuel.

QUESTIONNAIRE

L'existence de l'harmonie remonte-t-elle bien loin ?

De quand datent les premiers documents sur la musique harmonique ?

Comment appelait-on l'harmonie au Moyen âge ?

Sous quel nom était désignée l'harmonie mesurée au XIIe siècle ?

Qu'est-ce que le contrepoint ; d'où vient ce mot ; à quelle époque remonte-t-il ?

Citer deux formes de contrepoint qui remontent au XIVe siècle ?

D'où vient le mot fugue ?

Qu'est-ce que la fugue ?

Qu'est-ce que le canon ?

A quelle époque remonte l'enseignement de l'harmonie à base scientifique?

Qui, le premier, a donné une base scientifique à l'harmonie ?

RYTHME

Chez les Grecs, le *rythme* primait le son dans la musique vocale. Au Moyen âge, au contraîre, le rythme était complètement banni du plain-chant. Du VIe au XIe siècle, le rythme n'a existé que dans la chanson populaire. Dans ce dernier siècle, il commence à influencer le plain-chant ; il forme avec la chanson les éléments principaux qui ont amené la transformation de la musique au Moyen âge. Depuis le XIIe siècle, l'art du rythme n'a cessé de progresser, et de s'enrichir de combinaisons multiples propres à chaque compositeur.

QUESTIONNAIRE

Le rythme a-t-il existé dans la musique antique ?

Le plain-chant est-il rythmé ?

Quels sont les éléments qui ont amené la transformation de la musique au Moyen âge ?

Dans quel genre de musique trouve-t-on le rythme au Moyen âge ?

INSTRUMENTS

Instruments antiques

Les instruments de l'antiquité arrivés jusqu'à nous sont : la *lyre*, instrument à cordes pincées, qui est resté l'emblème de la musique ; la *harpe*, d'abord de petite dimension, fut agrandie dans le cours des sièles, et surtout perfectionnée par *Horbrucker* qui, au XVe siècle, en inventa les pédales, et au commencement du XIXe siècle par *Sébastien Erard*. De nos jours, le mécanisme de la harpe vient d'être simplifié par l'invention de la harpe chromatique de M. *Gustave Lyon* de la maison *Pleyel*.

Comme instruments à vent, les *flûtes* et les *trompettes*, puis, les instruments à percussion, tels que le *triangle*, les *grelots*, les *cymbales* et les *castagnettes*.

L'Orgue

L'*orgue* date d'un siècle et demi avant l'ère chrétienne ; il est dû à *Ctésibius*, mathématicien d'Alexandrie. Rudimentaire à son début, il ne devint un véritable instrument de musique qu'au XVe siècle, époque à laquelle *Bernard Mured* inventa le clavier à pédales.

Instruments du Moyen-Age

Les ancêtres de nos instruments modernes remontant au Moyen âge, sont : la *viole* ou *viele*, instrument à archet d'où fut tiré notre violon.

Dans les instruments à cordes pincées, la *guitare* qui vient des Maures d'Espagne ; le *luth* que l'on voit souvent dans les illustrations sous la forme d'une mandoline de grande dimension ; le *psaltérion*, un des ancêtres les plus reculés du piano moderne.

Comme instruments à vent : les *flûtes droites* et *traversières*, enfin les instruments à anches, désignés sous le nom générique de *chalumeau*.

Le *tympanon* et le *monocorde* de *Guy d'Arezzo* furent, avec le *psaltérion*, les premiers instruments à cordes auxquels on adapta un clavier, et de cette adaptation, qui eut lieu au XIIIe siècle, date le premier âge du *clavecin*. Cet instrument primitif prit le nom de *clavicorde*.

Au XVe siècle, au *clavicorde* succédèrent l'*épinette* et la *virginale* qui, perfectionnées aux XVIe et XVIIe siècles, devinrent le *clavecin*, ancêtre direct de notre piano moderne. La grande différence de facture entre le clavecin et le piano, consiste en ce que, dans le clavecin, la corde était pincée par un bec de plume, et dans le piano, elle est frappée par un marteau. Les premiers essais de fabrication du *piano à marteaux* remontent au XVIIIe siècle et sont dus à *Bartholoméo Christofori* de Florence.

Origine des principaux Instruments de l'Orchestre

Le *violon* date du XVIe siècle avec les fameux luthiers, tels que *Amati*, de Cremone, et *Gasparo de Salo*, dont les meilleurs instruments sont du XVIIe siècle, ainsi que ceux de *Stradivarius* et de *Guarneri*.

L'*Alto* date de la même époque que le violon.

Le *violoncelle*, au XVIIIe siècle, est dû à *Tardieu*, de *Tarascon*. Des spécimens de cet instrument existaient avant lui, mais il le perfectionna et lui donna sa forme définitive.

La *contre-basse* commence à se distinguer des *basses de viole* du Moyen âge, avec *Gasparo de Salo* au XVIe siècle, et, cet instrument fut introduit à l'orchestre en 1706 dans l'*Alcyone*, de *Marais*.

Le *cor anglais*, au XVIIIe siècle, est dû à *Jean Ferlendis*, facteur bergamasque établi à Salzburg.

Le *trombone* remonte au Moyen âge.

Le *basson*, du XVIe siècle, est dû à un chanoine de Pavie.

Tous les instruments à vent, à anches ou autres, ont été régénérés vers 1830 par *Théobald Bœhn* qui en a soumis la fabrication à des lois scientifiques.

Les *timbales*, comme la *grosse-caisse*, datent du Moyen âge.

Les *bass-tubas* ont remplacé l'*ophicléide* à l'orchestre vers le milieu du XIXe siècle.

QUESTIONNAIRE

Quels sont les instruments de l'antiquité arrivés jusqu'à nous ?

Qui a inventé les pédales de la harpe ? Quels sont les facteurs qui ont encore perfectionné cet instrument ?

A quelle époque remonte l'invention de l'orgue ?

Quels sont les principaux instruments du Moyen âge qui ont donné naissance aux instruments modernes ?

Quels sont les premiers instruments à cordes auxquels on a adapté un clavier.

Quels ont été depuis le clavicorde les différents instruments à clavier précurseurs du piano ?

Quelle différence capitale y a-t-il entre la facture du clavecin et celle du piano ?

A qui sont dus les premiers essais de piano à marteaux ?

A quand remonte l'origine : du violon, de l'alto, du violoncelle, du trombone, du basson de la contrebasse, du cor anglais ?

Par qui a été régénérée la fabrication des instruments à vent ? Comment ?

De quand datent les timbales et la grosse caisse ?

Quels sont les instruments qui ont remplacé à l'orchestre l'ophicléide ?

DEUXIÈME PARTIE

CHAPITRE I

De l'Antiquité au XVIme Siècle

Musique chez les peuples anciens

La musique a des origines fort anciennes.

Les figurations nombreuses, que l'on trouve sur les monuments égyptiens et assyriens, témoignent de la faveur dont jouissait la musique chez ces divers peuples ; mais, ces figurations, qui ne comprennent que des instruments, des instrumentistes et des chanteurs, ne donnent aucune indication sur la musique théorique, qu'il serait si important de connaître. On ne peut se livrer à ce sujet qu'à des conjectures et former des hypothèses plus ou moins vraisemblables.

La loi hébraïque interdisant la représentation de créatures animées et aussi les images taillées par la main des hommes, nous n'avons pas même pour la musique des Hébreux les documents que nous fournissent les monuments égyptiens et assyriens. C'est la *Bible* seule qui nous montre l'importance de cet art chez le peuple hébreux ; et les relations de ce peuple avec l'Egypte, l'Assyrie, la Phénicie et la Chaldée permettent de supposer la pratique des mêmes instruments de ces divers peuples. La *Bible* mentionne particulièrement la *harpe* (*kinnor*), dont *David* jouait pour calmer les fureurs de *Saül*, et les trompettes, notamment celles de *Jéricho*, qui sonnèrent le renversement des murs de cette ville. Les *Psaumes de David* (le roi Prophète), ont triomphé de toutes les révolutions religieuses, et sont encore aujourd'hui en honneur, non seulement chez les Israélites, mais encore dans les cultes catholique, protestant, grec orthodoxe et schismatique.

Musique chez les Grecs

Par les Phéniciens, les Grecs ont emprunté à la Chaldée, à l'Egypte et à l'Assyrie les éléments de leur civilisation, et partant, ceux de leurs sciences et de leurs arts. Avec eux les documents deviennent plus précis. Leurs savants philosophes ont laissé de nombreux écrits sur la théorie musicale. Ils avaient une notation alphabétique, leur tonalité comprenait sept modes et ils possédaient, comme nous, des tons ou échelles de transposition. Les Grecs ont bien connu et pratiqué l'harmonie, mais ils n'en ont fait qu'un usage des plus restreints. Pour la musique vocale, *Platon* a dit : « *Dans le chant, la première place revient à la parole, la deuxième au rythme et la troisième seulement au son.* »

Le rôle prépondérant donné à la poésie, essentiellement rythmique, par l'emploi de syllabes longues et brèves, a imposé au chant le même caractère rythmique.

La musique avait aussi un rôle important dans la *tragédie* et la *comédie*.

L'art musical tenait chez les Grecs une grande place dans l'éducation de la jeunesse et aussi dans la vie publique et privée de ce peuple, qui cultiva tous les arts avec passion.

Riches de documents relatifs à la théorie musicale des Grecs, nous le sommes infiniment moins pour leur musique pratique. Le document le plus important, le plus ancien et surtout le plus authentique, est un *Hymne à Apollon* qui paraît dater de deux siècles avant l'ère chrétienne ; il a été découvert en 1893 par l'Ecole française d'Athènes, en fouillant les ruines du temple d'Apollon à Delphes. Cet hymne a été transcrit en notation moderne par MM. *Th. Reinach* et *Nicole.*

Commencement du Moyen âge. Musique Chrétienne

La musique des Romains est à peu de chose près la continuation de celle des Grecs.

Les premières années de l'ère chrétienne sont pauvres en documents sur l'histoire de la musique. Au IVe siècle, *Saint-Ambroise*, évêque de Milan, à qui l'on doit l'organisation de la musique religieuse en Occident, a composé une grande partie des premières hymnes latines ; *Saint-Augustin,* plus philosophe que musicien, nous donne dans ses écrits de précieux renseignements sur l'état de la musique dans la primitive église.

La plupart des historiens considèrent *Saint-Grégoire,* au VIe siècle, comme le législateur de l'*antiphonaire* (recueil complet des chants liturgiques de l'église latine) mais M. *Gevaert*, le savant musicographe de Bruxelles, dans *Les origines du chant liturgique de l'église latine*, donne l'année 425 comme date initiale de la période de création musicale de ce recueil terminé d'après lui en 700.

Il n'est pas sans intérêt de savoir que les chants religieux les plus connus remontent aux premiers siècles de l'ère chrétienne, tels par exemple : la *Préface de la Messe*, antérieure au IVe siècle ; le *Pange lingua gloriosi*, est du Ve ; le *Vexilla regis* du VIe, fut composé par *Fortunat*, évêque de Poitiers ; le *Veni sancte spiritus* du Xe ; le *Dies iræ* et la prose de Pâques *O Filii*, du XIIIe siècle seulement.

Les VIIe et VIIIe siècles sont l'âge d'or de la musique sacrée, écrite en tonalité de plain-chant pur.

Chanson Populaire

A ce moment l'art musical est essentiellement religieux, cultivé surtout dans les monastères alors très florissants ; de là, l'abandon de la musique profane, représentée seulement du VIe au XIIe siècle par la *chanson populaire*, qui n'en exerça pas moins cependant une influence de plus en plus sensible sur la musique religieuse, et amena l'éclosion de l'art libre.

Au IXe siècle, *Charlemagne* contribua

pour une large part aux progrès de la musique de son époque en créant des *écoles* et des *maîtrises*.

Théoriciens

Les IXe, Xe, XIe et XIIe siècles ont de savants théoriciens dont les plus célèbres sont, au Xe siècle, *Hucbald de Saint-Amand* et *Guy d'Arezzo*, moine de Pompose, à qui l'on doit le nom des notes ; au XIe siècle, *Francon de Cologne*, auteur du premier traité de musique mesurée ; *Jean Cotton* ; au XIIe siècle, *Jean de Garlande*,

Art libre

Ce n'est qu'au XIIe siècle que l'*Art libre*, ou art indépendant du plain-chant, se manifeste, et son importance va toujours grandissant dans les siècles suivants.

Principaux Éléments de l'Art libre

Le *rythme* et la *chanson populaire* étaient les éléments distinctifs de l'art libre et ont provoqué la transformation de la musique au Moyen âge.

Compositions des XIIe et XIIIe Siècles

Cette époque a des compositions vocales à une et plusieurs voix. A une voix, les principales étaient : la *chanson de geste*, long récit épique ; le *jeu-parti*, sorte de récit dialogué ; à plusieurs voix : les *rondels*, les *conduits* et les *motets*. Ces compositions étaient chantées par des poètes musiciens, appelés en France, au Nord : *trouvères*, au Midi : *troubadours*. En Allemagne, ils portaient le nom de *minessangers*. L'Italie, à cette même époque, a les *cantore a luito*, musiciens chanteurs et compositeurs, mais non poètes.

Trouvères et Troubadours

Le plus célèbre des Trouvères français est, au XIIIe siècle : *Adam de la Halle*, surnommé le *Bossu d'Arras*, qui a laissé le fameux jeu-parti de *Robin et Marion*. Parmi les *Minessangers*, *Wolfran d'Eschenbach* est un des plus remarquables ; enfin, le grand poète *Dante* a immortalisé le *Cantore a luito*, *Casella*, dans sa *Divine Comédie*.

Les *Trouvères* (trouveurs d'idées), et les *Troubadours* allaient de château en château, chantant les hauts faits historiques de l'époque et la beauté des nobles dames et demoiselles. Ces docteurs en gaie science apprenaient leur répertoire dans les écoles de *ménestrandie* pendant le carême, époque à laquelle il leur était défendu de se faire entendre.

Changement de Condition Sociale de la Musique

Au XIVe siècle, l'art musical change de condition sociale ; il passe des mains aristocratiques dans celles des bourgeois et des gens du peuple. C'est à cette époque

Corporations que s'organisèrent des *corporations*, dans le but de stimuler le zèle des musiciens, défendre leurs intérêts, et se faire entendre mutuellement leurs œuvres.

Les plus fameuses corporations furent celles des *Ménestrels* ou *Ménétriers* en France ; en Allemagne, celle des *Meistersangers*, dont l'école la plus réputée était à *Nuremberg*, où ils tenaient leurs concours.

L'art créé par les Trouvères prit au XIIIe siècle le nom de *Ars-nova* (art nouveau). Cet art, avec sa mélodie hésitante et son harmonie encore incorrecte, marquait cependant un grand progrès sur les siècles précédents, et posait les premiers jalons de la musique moderne.

Théoriciens De savants théoriciens nous ont instruits sur l'art des XIIIe et XIVe siècles. Au XIIIe, *Jérôme de Moravie, Marchetto de Padoue, Walter Odington, Elie Salomon*; au XIVe, *Philippe de Vitry, Jean de Muris, Guillaume de Machault, Simon Tunstède, Jeannot Lescurel, Landino.*

Époque par excellence de la polyphonie vocale Du XIVe au XVIe siècle, les combinaisons harmoniques de la fugue et du contrepoint varient à l'infini. Ce sont les deux siècles par excellence de la polyphonie vocale. La musique durant cette période est plutôt une science qu'un art, et les musiciens, par la recherche des combinaisons complexes, en firent une branche des mathémathiques. Cette tendance exagérée se développa chez un grand nombre d'entre eux au détriment du sens esthéthique.

Principales formes de compositions du XIVe au XVIe Siècle

Les principales formes employées en France à cette époque sont les *chansons* à une et à plusieurs voix : en Italie, le *madrigal*; en Allemagne, le *choral*. C'était ordinairement sur un thème donné, phrase de chanson populaire ou de plain-chant, que les musiciens écrivaient leurs compositions. Le *madrigal* différait des autres genres, en ce qu'il n'était point bâti sur un thème emprunté à une autre œuvre; c'était un chant profane à plusieurs parties, dû à l'inspiration du musicien auteur du madrigal. Le *choral*, d'abord chanté à l'unission, et harmonisé ensuite, devint, dans sa forme définitive, une composition vocale à plusieurs parties, d'un caractère religieux et grave, accompagné d'une harmonie simple et puissante.

École Franco-Belge

L'art, essentiellement polyphonique et vocal des XIVe et XVe siècles, avait sa source dans l'Ecole franco-belge, où se formèrent les maîtres qui répandirent la science harmonique dans toute l'Europe. Les plus grands de ces musiciens, au XVe siècle, sont : *Guillaume Dufay, Egide Binchois, Jacques Obrecht, Jean Ochegen,* le maître du célèbre *Josquin des Prés,* qui fut l'honneur de l'Ecole française de cette époque.

QUESTIONNAIRE

Qu'est-ce qui nous a instruits sur la musique des anciens Egyptiens, Assyriens, etc ?

Où sont puisés les documents qui nous renseignent sur la musique hébraïque ?

Que sait-on de la musique des Grecs ?

Citer une œuvre de musique grecque arrivée jusqu'à nous ?

Quels sont les hommes célèbres des premières années de l'ère chrétienne qui se sont occupés de l'art musical ?

Quel est l'âge d'or de la musique sacrée ?

D'où vient l'abandon de l'art musical profane, du VIe au XIIe siècle ?

Par quoi est représenté l'art profane musical, du VIe au XIIe siècle ?

Quel est l'empereur qui a puissamment contribué au développement de l'art musical au IXe siècle ?

Quels sont les principaux théoriciens du Xe siècle ?

Qu'était-ce que l'art libre ?

Quels étaient les principaux éléments de l'art libre ?

Quels étaient les principaux genres de compositions des XIIe et XIIIe siècles ?

Qui appelait-on Trouvères, Troubadours, Minesangers, Cantore a luito ? Quels sont les plus célèbres de ces musiciens ?

A quelle époque voit-on apparaître les corporations ; dans quel but se constituèrent-elles ; citer les plus célèbres ?

Qu'est-ce que l'Ars-Nova ?

Nommer quelques théoriciens des XIIIe et XIVe siècles ?

De quelle nature était l'art musical, du XIVe au XVIe siècle ?

Quelles sont les principales formes musicales employées, du XIVe au XVIe siècle ?

Dans quelle école trouve-t-on au XVe siècle le foyer de la musique polyphonique ?

Nommer quelques grands musiciens de l'Ecole Franco-Belge du XVe siècle ?

CHAPITRE II

XVIme Siècle

Musique populaire
Musique religieuse
Luther
Palestrina

Le XVIe siècle est un des plus féconds pour l'histoire musicale ; d'une part, Luther, avec la *Réforme*, donna un nouvel essor à l'art populaire, en se servant de cet art pour propager sa nouvelle doctrine ; de l'autre, l'envahissement de l'esprit païen de la *Renaissance*, stimula le zèle des compositeurs religieux, encouragés, par les hauts dignitaires ecclésiastiques, à chasser cet esprit de la musique d'église où il s'était glissé ; et à lui rendre la gravité et l'austérité que lui impose sa place dans les cérémonies du culte catholique.

En Allemagne, le *choral* triomphe avec le protestantisme. En Italie, *Palestrina*, 1526-1594, est à la tête des compositeurs de de musique religieuse. Son œuvre profane est sans grande importance, mais ses compositions de musique religieuse, notamment les *improperia*, les *messes*, en particulier celle du *Pape Marcel*, font encore l'objet de l'admiration des musiciens, tant par leur science harmonique, que par la noblesse et la profondeur de leur inspiration.

Au point de vue technique, les œuvres de Palestrina résument les transformations de l'art musical depuis dix siècles.

Ecole Française

A la même époque, nous voyons en France: *Claude Goudimel*, cité, souvent à tort, pour le maître de Palestrina ; *Clément Jeannequin* qui excella dans la musique imitative et pittoresque, et dont l'œuvre la plus typique est un chœur : « *La Bataille de Marignan* ».

Derniers Néerlandais

Les derniers grands Néerlandais sont: *Adrien Villaert* qui fonda l'école de Venise ; *Orlando Lassus*, le grand émule de Palestrina; et *Philippe de Mons*.

Musiciens Espagnols

L'Espagne fournit aussi de célèbres musiciens au XVIe siècle. Ce sont, en première ligne, *Moralès* et *Victoria*, qui passèrent en Italie la plus grande partie de leur vie.

Le XVIe siècle marque l'apogée de la polyphonie vocale, avec Palestrina,

Orlando Lassus et Victoria. Tous trois donnèrent, à l'art contrapunctal du XVIe siècle, une noblesse d'expression et une richesse harmonique non égalées par leurs contemporains, ni par leurs successeurs.

Un grand changement se produit dans les dernières années de ce siècle : la *Renaissance*, en ressuscitant l'art antique, invite les artistes à abandonner la *polyphonie* pour la *monodie* (1). Ce mouvement prend naissance en Italie, et plus particulièrement à Florence.

A partir de 1600, on voit se dessiner les caractères nationaux de la musique, et on peut commencer à cataloguer les écoles. C'est aussi à la fin du XVIe siècle, que l'école Franco-Belge cède à l'Italie, la prépondérance musicale en Europe.

(1) Monodie, chant à voix seule.

QUESTIONNAIRE

Dans quel genre de musique la Réforme exerça-t-elle son influence ?

Comment Luther se servit-il de la musique ?

Quelle est la forme musicale qui servit surtout aux protestants du XVIe siècle ?

Quel est le grand nom qui domine dans la musique religieuse au XVIe siècle, citer deux de ses œuvres ?

Dans quel genre écrivit surtout Clément Jeannequin ; citer une œuvre célèbre de lui ?

Quels sont les derniers grands Néerlandais ?

Quel est le fondateur de l'école de Venise ?

Quels sont les deux plus fameux musiciens espagnols du XVIe siècle ?

A quel moment l'art musical commence-t-il à prendre des caractères nationaux ?

A quel moment l'Ecole franco-belge cède-t-elle à l'Italie la prépondérance musicale ?

Résumer les grands événements du XVIe siècle ?

CHAPITRE III

Origines de la Musique Dramatique au Moyen âge

L'Opéra en Italie de 1600 à 1760

Le Théâtre à l'Église

Le théâtre a pris naissance dans l'Eglise dès le VIe siècle. L'amplification pompeuse des cérémonies du culte fut le premier genre de représentation; puis, quand les additions faites aux textes consacrés furent trop importantes, on en fit des cérémonies spéciales, en dehors de celles du culte. La musique de ces drames liturgiques était de même nature que celle des mélopées ecclésiastiques.

Drames Sémi-liturgiques

En perdant de leur austérité première, les drames prirent le nom de *semi-liturgiques* ou *mystères* et *miracles*; les sujets en étaient empruntés à l'Ancien et au

Nouveau Testament. Un des plus fameux, au XIIe siècle, est le drame de *Daniel* où règne déjà un souffle profane.

Sécularisation du Théâtre

Ce genre mixte appelait la sécuralisation du théâtre, qui s'accomplit au XIVe siècle. A ce moment, les frais considérables que nécessitaient le concours des chanteurs et des musiciens, eurent pour effet la suppression de la musique dans les représentations scéniques.

Le Jeu-Parti

Au XIIIe siècle, le *jeu-parti*, sorte de récit dialogué, ne constituant pas encore une action théâtrale, est, néanmoins, considéré par certains musiciens, dans *Robin et Marion* d'Adam de la Halle, comme le premier ancêtre de notre opéra comique.

Drames avec Chœurs

C'est au XVe siècle, sous l'influence de la *Renaissance*, que les *Drames avec chœurs* naquirent en Italie, à l'imitation de la tragédie grecque. Ces représentations participaient à la fois du concert et du drame ; elles se composaient de morceaux détachés, non reliés par le récitatif ou le chant continu.

Ballet Aristocratique

Du XIVe au XVIe siècle, le *Ballet aristocratique*, genre éminemment français, est aussi très en honneur. Cette sorte de composition était l'œuvre de plusieurs artistes, et manquait, par ce fait, d'unité. Elle se composait de fantaisies poétiques, danses, chants et musique instrumentale. Le plus fameux de ces ballets est celui intitulé *Ballet comique de la Reine*, représenté à la cour de Henri III, en 1581, en l'honneur du mariage de la sœur de la reine Louise de Lorraine, Mademoiselle de Vaudemont, avec le duc de Joyeuse. C'est une des œuvres les plus importantes de la fin du XVIe siècle. Elle permet d'étudier l'état de la tonalité, de l'harmonie et de l'instrumentation à cette époque.

Causes de l'Abandon des Formes Polyphoniques

Ainsi que nous l'avons vu, une grande évolution se produit à la fin du XVIe siècle, par l'abandon des formes polyphoniques. Les Grecs avaient réalisé l'union intime de la poésie et de la musique; il fallut, pour les imiter, adopter une forme musicale qui se prêtât à cette fusion. Au moment de cette évolution, l'Italie s'empare de la prépondérance musicale de l'Europe, et la garde jusque vers 1760.

Grandes Écoles Italiennes: La florentine

Cette prépondérance musicale a été exercée successivement par trois écoles dans la musique dramatique, et, ces trois écoles furent caractérisées, chacune, par un événement important : 1° l'école *florentine* qui exerça son influence, de 1580 à 1630, par la création de la *monodie*, du *récitatif* et de l'*opéra* ; 2° l'école *romano-vénitienne*, de 1630 à 1700, par l'*établissement des théâtres permanents et réguliers* ; 3° l'école *napolitaine*, de 1700 à 1760, par *les exigences tyraniques des chanteurs virtuoses* qui amenèrent la décadence de l'opéra.

Cénacle florentin

Au XVIIe siècle, se trouvaient, dans les principales villes d'Italie, des académies, sortes de cercles, tenus chez un artiste ou un grand seigneur, où, les littérateurs, savants et musiciens discutaient sur la littérature et les beaux-arts. Le plus renommé de ces centres artistiques, surnommé le *Cénacle florentin*, était, à Florence, la maison de *Giovani Bardi,* comte de Vernio, où se réunissait l'élite de la société.

C'est ce cénacle qui contribua le plus à la transformation des procédés artistiques de cette époque, et donna ainsi naissance à l'art moderne. Ce mouvement, plus littéraire d'abord que musical, se fit en dehors des anciennes écoles italiennes créées par les Néerlandais. Parmi les personnalités remarquables du cénacle de Florence, figuraient le poète *Ottavio Rinnucci,* librettiste des premiers opéras florentins et promoteur des idées nouvelles ; le gentilhomme *Jacopo Corsi,* grand mécène du temps ; *Giovanni Bardi* lui-même ; et enfin, des musiciens de profession, tels que *Péri, Caccini* et *Emilio del Cavaliere.*

Création de la Mqdonie du Récitatif et de l'Opéra

A Caccini, on doit la création de la *monodie,* ou chant à voix seule ; à Peri, celle du *récitatif;* et à Emilio del Cavaliere, l'application de ces deux éléments à la scène, autrement dit, la création de l'*opéra.* Le premier et le véritable type de l'opéra Florentin est l'*Euridice*, de Jacopo Peri pour la musique, et d'Ottavio Rinuccini pour le poème, représenté au Palais Pitti, à Florence en 1600, en l'honneur des fiançailles de Henri IV et de Marie de Médicis.

Oratorio

En même temps que l'opéra, naissait le *mystère opéra* qui, dès son origine, prit le nom d'*oratorio.* Il fut créé par *Jean Animuccia,* à la demande de Saint-Philippe de Néri, fondateur des prêtres de l'Oratoire, pour instruire le peuple, tout en flattant son goût pour les spectacles. Les premières représentations eurent lieu chez les Oratoriens : de là le nom d'*oratorio*.

L'Ecole vénitienne au commencement du XVIIe Siècle Monteverde

La Partition d'Orféo Tendances vénitiennes

L'action musicale, exercée successivement par chacune des trois écoles italiennes, n'excluait pas l'importance des deux autres pendant la prépondérance de chacune d'elles. C'est ainsi qu'au moment de la floraison de l'école florentine, l'école vénitienne était illustrée par *Monteverde*, un des successeurs d'Adrien Villaert Son opéra d'*Orfeo* permet d'établir la différence des tendances des deux écoles, florentine et vénitienne.

L'esprit littéraire est moins affiné dans l'école vénitienne que dans la florentine, et le sentiment dramatique de Monteverde n'est point supérieur à celui de Peri et de Caccini ; mais, les ressources vocales et instrumentales sont beaucoup plus riches chez les Vénitiens, qui sont coloristes en musique comme ils le sont en peinture.

Les Florentins, visant avant tout à l'union de la poésie et de la musique, ont pour objectif principal la *monodie* et le *récitatif* ; leurs ensembles vocaux et instrumentaux sont pauvres ; en outre, ils ignorent le développement de la phrase mélodique.

La Légende de Monteverde

Monteverde a pris dans l'histoire de l'art une place considérable, grâce à la légende qui en fait le créateur de la tonalité moderne. Tout en ayant contribué au développement de l'art musical des permières années du XVIIe siècle, il n'a point créé notre tonalité à laquelle il a fallu, comme à notre notation, plusieurs siècles pour accomplir son évolution.

Age d'Or de l'École Romano-Vénitienne

L'âge d'or de l'école romano-vénitienne, de 1630 à 1700, a pour principaux maîtres : *Cavalli, Cesti, Legrenzi,* pour Venise ; pour Rome : *Luigi Rossi* et *Carissimi* ; ce dernier, le plus célèbre de tous, s'est immortalisé dans l'oratorio, la cantate et la musique d'église.

École napolitaine

Au XVIIe siècle, nous voyons a la tête de l'École napolitaine : *Alexandre Scarlatti,* qui se distingua dans l'opéra seria ; *Franeesco Durante,* grand compositeur de musique religieuse ; *Leonardo Leo.* Au XVIIIe siècle, arrive la décadence de l'opéra sérieux ; un genre nouveau, l'*opéra bouffe*, apparaît, et une nouvelle série de chefs d'œuvres s'annonce avec *Pergolèse*, dont *la Serva Padrona* (servante maîtresse) est un modèle du genre ; Pergolèse a laissé aussi dans la musique religieuse un *Stabat mater* trés réputé. *Cimarosa* à qui l'on doit *Il matrimonio segretto* (le mariage secret). A côté d'eux : *Leonardo Vinci*, l'auteur du récitatif obligé ; *Jomelli*, surnommé le *Glück de l'Italie*, à cause de sa science harmonique ; *Piccini*, le rival de Glück, en France ; *Sacchini*, *Paisiello* et *Zingarelli*, qui vinrent s'essayer aussi sur la scène française.

École vénitienne du XVIIIe Siècle Marcello et Galuppi

A cette même époque, l'école vénitienne était illustrée par *Galuppi* et *Benedetto Marcello*. Ce dernier, noble praticien de Venise, littérateur et judicieux critique, est célèbre par la musique des *50 Psaumes de David*, ses oratorios et son fameux pamphlet sur la musique du XVIIIe siècle intitulé : *Il Teatro a la Moda*.

A la fin du XVIIIe siècle l'ère des grandes écoles italiennes est close ; on voit s'ouvrir, avec Glück, l'ère de l'Ecole cosmopolite, qui marque la fusion des beautés de style de toutes les écoles.

QUESTIONNAIRE

Où le théâtre a-t-il pris naissance ?

De quel genre était la musique des drames liturgiques ?

Quel nom donnait-on encore aux drames semi-liturgiques du Moyen-âge.

Quand eut lieu la sécularisation du théâtre ?

Qu'est-ce que le jeu-parti ?

Qu'est-ce que les drames avec chœurs ?

Qu'est-ce que le ballet aristocratique?

Quelles sont les causes qui ont fait abandonner les formes de la musique polyphonique pour la monodie ?

Quelles sont les trois grandes écoles qui aux XVIIe et XVIIIe siècles se partagent la prépondérance italienne dans l'art musical ?

Qu'est-ce que le Cénacle Florentin ; quels en sont les principaux membres ?

Qui a créé la monodie ? le récitatif ?

Qu'est-ce que l'oratorio ?

Quelle est l'origine de l'oratorio ?

Quel est le plus illustre représentant de l'Ecole Vénitienne dans les premières années du XVIIe siècle ?

Quelles différences remarque-t-on entre le style des œuvres florentines et vénitiennes dans la première moitié du XVIIe siècle ?

Monteverde est-il réellement le créateur de la tonalité moderne ?

Quels sont les grands musiciens de l'époque de la prépondérance de l'Ecole romano-vénitienne ?

Quels sont les grands maîtres de l'Ecole napolitaine au XVIIe et au XVIIIe siècles ?

De qui est la *Serva Padrona* ?

De qui est *Il Matrimonio Segretto* (Le Mariage Secret) ?

Quels sont les grands musiciens vénitiens du XVIIIe siècle ?

Quelles sont les œuvres les plus célèbres de Benedetto Marcello ?

CHAPITRE IV

Instrumentistes et virtuoses Italiens des XVIIe et XVIIIe siècles

Organistes et Clavecinistes

Au XVIIe siècle, les plus célèbres compositeurs et virtuoses italiens pour l'orgue et le clavecin sont : *Pasquini*, *Pollarola*, *Lotti*, *Vinacese*, *Casini*, *Durante*, et surtout *Frescobaldi*, 1587-1654, qui, le premier, fit de l'orgue l'instrument concertant, organe de la fugue, du canon et des autres formes contrapunctées, tandis que jusqu'à lui, il n'avait servi qu'à accompagner les voix. Ce grand musicien a laissé en outre de sa musique d'orgue, de la musique d'église et de la musique de chambre.

Au XVIIIe siècle, *Porpora*, *Martini*, *Marcello* et surtout *Dominique Scarlatini*, 1683-1757, dont les œuvres pour clavecin sont très estimées. Il s'inspira, mieux que ses devanciers, des qualités de l'instrument pour lequel il écrivait.

A l'époque du trait d'union du clavecin au piano, c'est-à-dire au moment où on commença à délaisser l'un pour l'autre, il faut citer *Clémenti*, 1752-1832, surnommé le père de l'école du piano moderne.

Violonistes

Comme violonistes : Au XVIIe siècle, *Giov, Batt del Violo*, le père *Castrovilari*, *Bassini* et surtout *Corelli*, le plus célèbre des violonistes italiens. Au XVIIIe siècle, *Clari*, *Veracini*, *Laurenti*, *Vitali*, *Vivaldi*, *Germiniani*, *Somis*, *Tartini*, de son vrai nom *Joseph Pirano*, chef de l'école de Padoue, et dont le *Trille du Diable* est resté célèbre par son originalité et sa difficulté ; *Nardini*, *Locatelli*, *Pugnani*, *Giovanni Battista Viotti*, dont les concertos servent encore à développer le talent des violonistes : ses plus fameux élèves furent *Rodes* et *Robberechts*.

QUESTIONNAIRE

Quels sont les plus grands organistes et clavecinistes Italiens du XVIIe siècle ?

Qu'était Frescobaldi ?

Quels sont les plus grands organistes et clavecinistes Italiens du XVIIIe siècle, quel est le plus célèbre de tous ?

Quels sont les plus célèbres violonistes italiens du XVIIe siècle, quel est le plus grand de tous ?

Quels sont les violonistes Italiens les plus célèbres du XVIIIe siècle ?

De qui est le *Trille du Diable* ?

CHAPITRE V

Musique Instrumentale.
XVIIe et XVIIIe siècles
en Allemagne

Origines de la Musique instrumentale harmonique

La musique polyphonique vocale, sans accompagnement, était déjà très avancée, alors que le jeu des instruments était encore dans l'enfance. Ainsi, au VIIIe siècle, la musique qui accompagnait la danse était si primitive qu'elle nous paraîtrait aujourd'hui aussi barbare qu'insupportable.

C'est dans le Moyen âge occidental, que l'on trouve le point de départ de la musique instrumentale harmonique. Jusqu'au XVIe siècle, le répertoire des instrumentistes ne comprenait guère que des chansons et des airs de danse. A ce moment seulement, naissent des compositions d'un genre purement instrumental, et, des formes régulières s'introduisent peu à peu. Au XVIIe siècle, les principales de ces formes sont : l'*ouverture*, dont l'invention est attribuée à Lully ; la *suite* ou *sonate*, sorte de recueil de pièces détachées, rythmées en forme de musique de danse, telles que *gigue*, *bourrée*, *gavotte*, *sarabande*, etc. ; le *concerto*, qui sort de l'Ecole italienne de violon. J. S. Bach a fait un grand nombre de transcriptions de concertos italiens pour l'orgue et le clavecin; il a surtout emprunté à l'œuvre de Corelli et de Vivaldi.

Premières formes régulières de musique instrumentale

L'*ouverture*, la *suite* et le *concerto* donnèrent naissance, au XVIIIe siècle, à la grande *sonate d'orchestre* qui a nom *symphonie*. Les plus anciennes symphonies pour orchestre complet datent du milieu du XVIIIe siècle. Bien que Haydn, dont nous parlerons bientôt, ait été surnommé le père de la *symphonie*, ce genre avait, avant lui, sa forme et son nom, ainsi que des compositeurs tels que : *Gossec*, en France, *Veracini*, *Porpora*, *Samartini* en Italie, et *Jean Agrell* en Allemagne.

La Symphonie

L'Allemagne doit être considérée comme le pays par excellence de la musique instrumentale. C'est surtout chez elle que se répandit le goût de cet art dans toutes les classes de la société.

Précurseurs des grands génies allemands du XVIIIe Siècle

Au XVIIe siècle, les précurseurs des grands maîtres de la musique allemande du XVIIIe siècle sont : *Michel Schulz*, *Henri Schutz*, surnommé le père de la musique allemande ; *Reinard Keiser*, qui se distingua dans la musique dramatique, et les grands organistes tels que : *Buxtehude*, *Frohberger*, *Reincke* et *Pachelbel* dont les œuvres exercèrent une grande influence sur la direction du génie de J. S. Bach.

Au XVIIe siècle, cinq musiciens illustres immortalisèrent l'Ecole allemande : *J. S. Bach*, *Haendel*, *Haydn*, *Glûk* et *Mozart*.

Haendel

Haendel, né à Halle en 1685, mort en Angleterre en 1759, a passé la plus grande partie de sa vie dans cette contrée, et fut inhumé dans l'abbaye de Westminster, le Panthéon de l'Angleterre. Ce grand maître a écrit une quantité prodigieuse d'opéras, pressé souvent par des besoins d'argent, dans ses nombreuses entreprises théâtrales, généralement malheureuses au point de vue financier. En même temps qu'il perdit sa fortune, il ruina sa santé. Indépendamment de ses opéras, bien oubliés de nos jours, il a laissé de la musique d'église, entre autres un *jubilate* et un *Te Deum* pour la paix d'Utrecht ; de la musique de chambre, d'orgue et de clavecin ; mais, ce sont ses oratorios qui l'ont immortalisé ; les plus célèbres sont : *Israel en Egypte*, *Judas Macchabée*, *les Fêtes d'Alexandre* et surtout le *Messie*, qui est son chef-d'œuvre.

Le caractère du génie de Haendel est la grandeur, la pompe, la solennité jointe à la simplicité des moyens employés.

J.-S. Bach
Ses Œuvres

J. S. Bach, né la même année que Haendel (1685) à Eisenach, est mort en 1750. Il appartenait à une famille de musiciens qui a illustré l'Allemagne pendant deux cents ans.

Ce fut un antodidacte (autremeut dit, il apprit tout par lui-même), un génie austère et profond, qui se personnifia dans le genre de la fugue. L'art du contrepoint est traité par Bach d'une façon aussi hardie qu'originale, et, ce qui fait surtout la richesse et la beauté de ses compositions, c'est, comme il le disait lui-même, qu'il pensait en musique ; et les combinaisons les plus complexes semblent conçues d'un seul jet. Le nombre de ses œuvres est immense ; une bien faible partie nous en a été conservée ; le reste a été égaré ou détruit par des détenteurs inconscients. Ses œuvres les plus remarquables sont pour l'orgue : les concertos, les sonates et surtout les chorals, les toccata, les préludes et fugues, les motets, les cantates. Parmi ses oratorios : la *Passion selon Saint-Mathieu*, son œuvre capitale. Comme musique religieuse, sa grand'messe en *si mineur* ; pour le clavecin : le *Clavecin bien tempéré* recueil de 48 préludes et fugues dans les 24 tons, (majeurs et mineurs) ; l'*art de la fugue* contenant 21 compositions, canons ou fugues, sur un même sujet, ou se rattachant au sujet principal ; l'*offrande musicale, la fantaisie et fugue chromatique, les inventions, les suites anglaises et françaises*. Dans la musique de chambre : ses sonates pour clavecin et violon, clavecin et flûte, violon et violoncelle seuls.

Bach eut plusieurs fils musiciens de grand talent, mais leur nom fut éclipsé par la gloire de leur père ; l'un d'eux, cependant, *Philippe Emmanuel* est surtout célèbre comme étant le créateur de la *sonate moderne*.

Haydn
La Symphonie et le quatuor

Joseph Haydn, né à Rohrau près de Vienne, en 1732, est mort dans cette dernière ville en 1809. Ce fut, avant tout un symphoniste et un compositeur de musique de chambre. Il a mérité son titre de *père de la symphonie*, pour avoir agrandi et varié cette forme musicale dans ses détails, et l'avoir unifiée dans son ensemble. La coupe de sa symphonie est en général celle-ci : *allegro, andante, menuet* et *final,* coupe adoptée par ses successeurs. Ses symphonies les plus connues sont : la *symphonie de la Reine*, la *symphonie militaire* ; les dernières en date, en *ré, si bémol, mi bémol* et en *sol* sont les plus belles.

On doit aussi à Haydn la création du quatuor : composition pour deux violons alto et violoncelle, écrite dans la forme de la symphonie.

Haydn a écrit des oratorios : la *Création*, les *Saisons*; des opéras, de la musique de piano, notamment des sonates très estimées ; de la musique d'Eglise, dont le style manque de caractère religieux. La modération dans l'expression des sentiments est une des caratéristiques du génie de Haydn ; son instrumentation est claire, colorée, son rythme varié, son inspiration abondante et facile.

C'est Haydn qui a définitivement constitué l'orchestre moderne.

Glück et la réforme du drame lyrique

Glück a attaché son nom à la réforme du drame lyrique, à la fin du XVIIIe siècle. Il est né sur les frontières de la

Bohême en 1714, et mort à Vienne en 1787. Il commença d'abord par subir l'influence italienne ; puis, avec *Orphée*, il reprend l'esthétique des Florentins de la fin du XVIe siècle, et, faisant une guerre acharnée à la virtuosité et aux ornements superflus, causes de la décadence de l'opéra seria (sérieux), il cherche de nouveau à donner pour base au drame lyrique l'union intime de la poésie et de la musique.

C'est dans la préface *d'Alceste* qu'il a exposé ses nouveaux principes. Outre *Orphée* et *Alceste*, ses principaux drames lyriques sont: *Armide*, *Iphigénie en Aulide* et *Iphigénie en Tauride*.

Glück vint en France faire consacrer ses nouveaux principes. Les partisans de la musique italienne et du *bel canto* lui opposèrent comme rival *Nicolas Piccini* qui, tout en étant un des meilleurs maîtres de l'Ecole napolitaine, ne pouvait soutenir la compétition de Glück au point de vue du sentiment dramatique.

Deux partis se formèrent. Les *Gluckistes* et les *Piccinistes* se livrèrent à une lutte acharnée jusqu'au moment où Glück quitta Paris pour retourner à Vienne.

Mozart et ses Œuvres

Mozart, né à Salzbourg en 1756, mort à Vienne en 1791, fut un enfant prodige par excellence ; sa virtuosité précoce sur le piano et le violon émerveillait toutes les cours d'Europe. A 11 ans il écrivait ses premières œuvres.

Une des caractéristiques du génie de Mozart est d'avoir excellé dans tous les genres : symphonie, musique de chambre, opéra, musique religieuse.

Dans la symphonie, il se montre le digne continuateur de Haydn dont il a agrandi l'œuvre. Ses plus belles compositions dans ce genre sont : la symphonie en *ut*, dite de *Jupiter*, celle en *mi bémol* et, surtout, celle en *sol mineur*.

Dans la musique de chambre il suit aussi la voie tracée par Haydn, et ses quatuors portent l'empreinte de l'école de ce maître. Le quintette en *la*, avec clarinette, est une de ses œuvres les plus célèbres.

Pour la musique dramatique, il a définitivement créé l'opéra national allemand; ses trois chefs-d'œuvre sont : *Les Noces de Figaro* (opéra comique), *Don Juan*, dans le genre romantique et la *Flûte Enchantée*, dans le genre fantastique.

Parmi ses compositions religieuses : des messes, motets et, surtout, son fameux

Requiem, laissé inachevé et terminé par son élève Susmayer.

Comme pianiste, il fut un grand virtuose, et sa musique de piano est à la hauteur de ses autres œuvres. Ses concertos et ses sonates pour piano reflètent toutes les qualités de son génie. Les sonates les plus remarquables sont *la fantaisie et sonate en ut mineur* et *la sonate en la mineur*.

Le génie de Mozart s'exprime dans la tendresse, la grâce du sentiment, la pureté du style, la délicatesse de l'esprit.

QUESTIONNAIRE

Quelles sont les origines de la musique instrumentale harmonique ?

Quelles sont les premières formes régulières de musique instrumentale qui ont précédé la symphonie ?

Qu'est-ce que la suite ou sonate ancienne ?

Citer quelques-unes des formes de musique de danse, faisant partie de la suite ou sonate.

Quel est le pays par excellence de la musique instrumentale ?

A quelle époque est née la symphonie pour orchestre complet ?

Quels sont les précurseurs des grands génies de l'Allemagne au XVIIIe siècle ?

Quelles sont les dates de naissance et de mort de Haendel ?

Dans quel genre Haendel s'est-il surtout immortalisé ?

Citer les principaux oratorios de Haendel ?

Quelle est la caractéristique du génie de Haendel ?

En quelles années Jean-Sébastien Bach est-il né et mort ?

Quel est le genre de composition qui personnifie le génie de Bach ?

Citer les principales œuvres de Bach ?

Quelles sont les dates de naissance et de mort de Haydn ?

En quels genres Haydn s'est-il surtout illustré ?

Quelles sont les qualités particulières du génie de Haydn ?

A quelle réforme Glück a-t-il attaché son nom ?

A quelle époque appartient Glück ?

Quels sont les grands drames lyriques de Glück ?

En quelle année est né Mozart, en quelle année est-il mort

Dans quels genres Mozart s'est-il illustré ?

Citer les principales œuvres de Mozart ?

Donner la caractéristique du génie de Mozart ?

CHAPITRE VI

XVIIᵉ et XVIIIᵉ Siècles en France
Musique Dramatique

La Musique Française au commencement du XVIIᵉ Siècle

Les maîtres français du XVIᵉ siècle, tels que Goudimel et Jeannequin, ne laissèrent point de dignes successeurs, et nos musiciens du commencement du XVIIᵉ siècle, loin de contribuer au grand mouvement de l'Italie, se contentèrent de subir des influences étrangères. Nous n'avons à enregistrer, pour cette période, que des compositeurs de *ballets* ou faiseurs de *brunettes*, sortes de petites pièces à deux, trois ou quatre parties, chansons à boire ou à danser, qui formaient toute la musique de chambre de l'époque. Les *doubles* ou *variations*, étaient alors fort en vogue.

Parmi les plus fameux compositeurs de ballet, étaient *Mauduit, Guédron, Boesset, d'Assoucy, Gabriel Bataille, Henri de Bailly*.

Lully et son Œuvre

En 1633, naquit à Florence, un musicien qui, par sa naturalisation, devait illustrer l'Ecole française, sous le règne de Louis XIV : c'est *Lully*.

Lully contribua, pour une large part, à la création de l'opéra en France. Son génie était spontané, il écrivait tout d'instinct sans rien analyser.

Ses plus belles tragédies lyriques sont *Alceste* et *Armide*, qui restèrent cent ans au répertoire ; il a écrit aussi de la musique d'église et de chambre, mais il fut surtout grand compositeur de tragédies lyriques. Le mérite de ses œuvres est dans la vérité du sentiment dramatique, l'abondance des idées et la souplesse de l'imagination ; mais son harmonie et son instrumentation sont pauvres et négligées. Lully est mort en 1687.

Successeurs de Lully

A côté de Lully, les meilleurs musiciens de l'époque sont : *Cambert* qui, de concert avec l'abbé *Perrin*, fonda, en 1671, l'Académie royale de musique ; puis, *Marc Antoine Charpentier, Campra, Mouret, Destouches.*

Rameau

Au XVIIIe siècle, l'Ecole française est illustrée par le plus grand musicien de génie français de tous les temps : *Rameau,* né à Dijon en 1683, et mort à Paris en 1764. Egalement célèbre par ses travaux théoriques et par ses compositions, Rameau écrivit, ainsi que nous l'avons vu, le premier traité d'harmonie établi sur des bases scientifiques. Dans la tragédie lyrique, il a agrandi et perfectionné l'œuvre de Lully, surtout au point de vue harmonique et instrumental. Ses œuvres les plus importantes en ce genre sont : *Hypolyte et Aricie, Dardanus, Castor* et *Pollux,* son chef-d'œuvre. Dans les ballets : les *Fêtes d'Hébé*, les *Indes galantes.*

Rameau a aussi écrit de la musique de chambre, d'église, d'orgue et de clavecin.

Dans tous les genres, il s'est montré musicien de génie.

Guerre des Bouffons

Du temps de Rameau, une guerre ardente s'engagea entre les partisans de la musique française et ceux de la musique italienne ; ce fut la *Guerre* dite *des Bouffons.* (on appelait *bouffons* les comédiens italiens). Cette guerre se déclara à l'occasion de la représentation à Paris de *la Serva Padrona* de Pergolèse, durant laquelle les manifestations furent des plus violentes entre les deux camps opposés.

J.-J. Rousseau, un des plus grands philosophes du XVIIIe siècle, cité parmi les plus chauds partisans de la musique italienne, n'hésita pas cependant, à écrire dans un style tout français, son opéra-comique du *Devin du Village,* qui eut un énorme succès.

Cette rivalité, stimulant le zèle des compositeurs, exerça une heureuse influence sur le développement de l'opéra-comique français.

Opéra comique On désigne sous ce nom un ouvrage, sérieux ou léger, dans lequel le chant alterne avec le dialogue parlé.

A l'origine, la qualité de comique était parfaitement appropriée au caractère des œuvres qu'elle dénommait ; mais, par la suite, bien des opéras-comiques n'eurent de comique que le nom ; et l'habitude leur fit conserver la même appellation.

Le véritable opéra-comique est un genre bien français ; il a son origine dans l'ancien vaudeville du *théâtre de la Foire,* et les couplets des *ballets aristocratiques.*

C'est à partir de 1714 qu'apparaît le titre d'*opéra-comique.* Le premier type du genre, est personnifié par les *Troqueurs de d'Auvergne* (ou *Dauvergne).*

Premiers Maitres de l'Opéra comique Les meilleurs compositeurs de la première époque de l'opéra-comique sont : *Monsigny, Gossec, Philidor* et *Grétry.*

Les œuvres qui eurent le plus de succès : le *Déserteur* de Monsigny et *Richard cœur de lion* de Grétry. *Gossec* ne se cantonna pas seulement dans l'opéra-comique ; il s'illustra dans tous les genres de composition. Avant Haydn, il écrivit des symphonies, mais ses œuvres ne sont pas assez caractéristiques pour lui décerner le titre de *Père de la symphonie* que *Haydn* porte si glorieusement.

Époque Révolutionnaire

A la fin du XVIIIe siècle, les compositeurs subirent l'influence des grands événements de la période révolutionnaire. L'esprit gracieux et galant, qui traduisait la douceur de vivre au XVIIIe siècle, fit place à des aspirations plus nobles, plus puissantes et plus fortes, qui leur fit choisir les sujets de leurs ouvrages dans l'antiquité, et aussi dans les récits poétiques ou sévères de la légende et de l'histoire.

Méhul

De cette époque les musiciens les plus célèbres sont : *Méhul, Cherubini* et *Lesueur,* qui établirent leur réputation, soit par la musique dramatique, soit par la musique religieuse.

Méhul (1763-1817) écrivit dans le genre sérieux et dans le genre comique ; il a laissé un opéra biblique *Joseph*, encore très prisé de nos jours; l'*Irato*, dans le genre gracieux et léger. C'est dans son opéra d'*Ariodant* que se trouve la fameuse romance de « *Femme sensible* ». Ses œuvres sont empreintes d'un caractère énergique; la force l'emporte généralement sur la grâce; ce fut un des chantres inspirés de l'époque révolutionnaire. Pour la fête du 10 août 1792, il écrivit le fameux *Chant du Départ*, sur la poésie de Marie-Joseph Chénier.

La Marseillaise La même année, le 24 avril, la *Marseillaise* avait été composée par *Rouget de l'Isle,* capitaine du génie, en garnison à Strasbourg, à l'occasion de la déclaration de guerre au roi de Bohême et de Hongrie. Appelé en principe, *Chant de l'armée du Rhin*, cet hymne patriotique fut nommé la *Marseillaise* par les Parisiens, lorsque ces derniers l'apprirent de la bouche des Marseillais venus à Paris, vers le 20 août 1792, sous la conduite de Barbaroux. Il est devenu depuis le *Chant national français*.

Cherubini *Cherubini* (1760-1842). Italien de naissance, naturalisé Français, fut en 1821 nommé directeur du Conservatoire de

Paris. C'était un grand compositeur de musique dramatique. *Lodoiska*, *Faniska*, et surtout *Les Deux Journées* sont ses meilleures œuvres.

Cherubini est devenu musicien Français tout en restant compositeur Italien. Toutes ses œuvres joignent à une science profonde, une remarquable élégance de forme.

Lesueur (1760-1837) fit surtout sa réputation avec son opéra *Ossian ou les Bardes*, d'un accent grandiose joint à une noble simplicité de facture. Malheureusement, à côté des pages originales se trouvent des formules vieillies. Lesueur fut le maître de *Berlioz*, *Gounod*, *Ambroise Thomas*. Lesueur

A cette même époque, l'italien *Spontini* (1779-1851), fit représenter à Paris la *Vestale*, œuvre souvent mise en parallèle avec l'*Ossian* de Lesueur. Le style large et pompeux de ces deux œuvres caractérise la musique de leur époque, mais là s'arrête leur ressemblance ; car, tout en cherchant à plier son talent au goût de l'école française, Spontoni est resté Italien dans ses accents mélodiques, dramatiques et expressifs. Ce maître a introduit dans Spontini la tragédie musicale de Glück et de Mehul, l'accent passionné du style italien : il est le précurseur de *Rossini*.

Compositeurs d'Opéras comiques

Pour l'*opéra comique* proprement dit, les plus remarquables compositeurs de la fin du XVIIIe siècle et du commencement du XIXe sont : *Berton*, célèbre avec *Aline reine de Golconde* ; le *Délire*, *Montano et Stephanie*. *Nicolo Isouard*, avec le *Rendez-vous Bourgeois*, et *Joconde* où se trouve la fameuse romance au refrain proverbial : « *mais on revient toujours à ses premières amours* ». *Boïeldieu* avec *Jean de Paris*, le *Petit Chaperon rouge*, le *Nouveau Seigneur du Village*, et surtout la *Dame Blanche*, qui fit époque dans l'histoire de notre opéra comique.

Des compositeurs moins célèbres mais très en renom à la même époque : *Dalayrac*, *Dezaides*, *Solié*, *Gaveaux* et *Devienne* l'auteur des *Visitandines*.

QUESTIONNAIRE

Quel était l'état de la musique française au commencement du XVIIe siècle ?

De quoi se composait la musique de chambre française au commencement du XVIIe siècle ?

Qu'est-ce que les Brunettes et les Doubles ?

Quels sont les plus fameux compositeurs de ballets au commencement du XVIIe siècle, en France ?

Quel est l'Italien naturalisé Français qui illustra l'école française au XVIIe siècle ?

Quelles sont les principales tragédies lyriques de Lully ?

Quelles sont les dates de naissance et de mort de Lully ?

Quels sont les principaux successeurs de Lully ?

Quel est le plus grand musicien français de tous les temps ?

Dans quels genres Rameau s'est-il illustré ?

A quelle date Rameau est-il né, à quelle date est-il mort ?

Quelles sont les principales tragédies de Rameau ?

Qu'est-ce que la Guerre des Bouffons ?

Quelle est l'œuvre qui donna le signal de la Guerre des Bouffons ?

Quel est le grand philosophe Français qui se montra chaud partisan de la musique Italienne ?

Quelles furent les conséquences de la Guerre des Bouffons ?

Qu'appelle-t-on opéra-comique ?

Quelles sont les origines de l'opéra comique ?

A quelle date apparait pour la première fois le titre d'opéra comique ; quel est le premier type du genre ?

Citer les premiers compositeurs célèbres de l'opéra comique ?

De qui est le *Déserteur* ?

De qui est *Richard Cœur de Lion* ?

Quelle influence les compositeurs de musique subissent-ils à la fin du XVIIIe siècle ?

Quels sont les grands musiciens français de l'époque révolutionnaire de 1789 ?

Quelles sont les dates de naissance et de mort de Méhul ?

Quelle est l'œuvre principale de Méhul ?

Quel chant patriotique Méhul a-t'il composé ; à quelle occasion ?

De qui est la *Marseillaise* ; de quand date-t-elle, d'où lui vient son nom ?

Quand est né et mort Cherubini ; à quelle nation et à quelle école appartient-il ?

Citer trois opéras de Cherubini ?

Quelles sont les dates de naissance et de mort de Lesueur ; quelle est son œuvre principale ?

Quelle est l'œuvre souvent mise en parallèle avec *Ossian* de Lesueur ?

Quelles sont les caractéristiques du talent de Lesueur et de Spontini ?

Quels sont les plus grands compositeurs d'opéras-comiques de la fin du XVIIIe siècle et du commencement du XIXe ?

Quels sont les plus célèbres opéras-comiques de Berton, Nicolo Isouard et Boïeldieu ?

Citer quelques compositeurs moins connus, mais dans le même genre et de la même époque que de Berton, Nicolo Isouard et Boïeldieu ?

CHAPITRE VII

Musique Religieuse et Instrumentale

Théorie Musicale en France aux XVIIe et XVIIIe Siècles

Musique Religieuse

Dans la musique religieuse, l'école française compte d'excellents compositeurs. Sous Louis XIV : l'abbé *Henri Dumont* auteur de plusieurs messes, dont la plus célèbre est la *Messe Royale* ; *Lully*, inférieur dans ce genre à ses tragédies lyriques ; *Charpentier* qui a composé des oratorios ; *Lalande*, *Bernier*, *Campra*, *Gilles* auteur d'une fameuse *Messe des morts*.

Au XVIIIe siècle, *d'Auvergne*, *Gossec*, *Philidor* ; mais les plus célèbres furent : *Lesueur*, qui s'inspira des beaux thèmes populaires du Moyen âge, et *Cherubini*, qui écrivit la grande *messe en ré* pour le sacre de Charles X. On reproche à Lesueur et à Cherubini d'avoir donné à leur musique religieuse un caractère trop dramatique.

École d'Orgue et de Clavecin

L'école d'orgue et de clavecin eut pour illustres représentants, au XVIIe siècle, *Champion Antoine-Jacques*, *Champion de Charbonnières*, qui doit être considéré comme le chef de cette école. A la fin du siècle, *Clérambault*. Au commencement du XVIIIe siècle, *Clavière*, *Marchand*, *Daquin*, à la fin, *Rameau*.

Dans la première moitié du XVIIe siècle apparaît la nombreuse famille des *Couperin*, dont les plus illustres furent, pour ce siècle, *Louis* et *François*, et au XVIIIe, *François, dit le Grand* (1668-1733).

L'école française se distingua par le développement de l'élément expressif et sentimental dans la mélodie, surtout avec *Couperin* et *Rameau*.

École de Violon

Duval fut à la fin du XVIIe siècle, le créateur de l'école française de violon, illustrée après lui par *Semaillé*, bon compositeur ; *Baptiste* élève de *Corelli* ; *Leclair*, *Guignon*, *La Houssaye*, *Cupis de Camargo*, *Paisible*, *Saint-Georges*, *Gaviniès*, surnommé le *Tartini français* ; *Rode*, *Kreutzer* et *Baillot*.

Théorie musicale

Dans la théorie musicale, l'événement le plus important au XVIIIe siècle est l'apparition du *traité d'harmonie* de Rameau qui révolutionna le monde musical.

A signaler aussi des essais de notation par chiffres, au XVIIe siècle, par le père *Souhaity* ; au XVIIIe siècle, par *J.-J. Rousseau,* à qui l'on doit aussi un dictionnaire de musique qui, tout en renfermant certaines erreurs, est encore utile à consulter.

Des essais de notation par chiffres ont été refaits, au XIXe siècle, par MM. *Galin*, *Paris* et *Chevet*.

QUESTIONNAIRE

Citer les noms des plus illustres compositeurs français de la musique religieuse au XVIIe siècle ?

Quels sont les grands compositeurs de musique religieuse au XVIIIe siècle ?

De qui est la messe du sacre de Charles X ?

Quels sont les meilleurs représentants de l'école française d'orgue et de clavecin au XVIIe siècle ?

Quels sont les grands clavecinistes et organistes Français du XVIIIe siècle ?

Quels sont les plus célèbres compositeurs de la famille des Couperin ?

Par quoi se distingue notre Ecole française de clavecin ?

Quel est le créateur de l'Ecole française de violon ?

Citer quelques célèbres violonistes français ?

Quelle est l'œuvre théorique musicale française la plus importante au XVIIIe siècle ?

Quels sont les musiciens qui ont fait des essais de notation par chiffres ?

Que doit-on à J.-J. Rousseau ?

CHAPITRE VIII

École Allemande
Beethoven et ses Successeurs

Beethoven *Beethoven,* né à Bonn en 1770, mort à Vienne en 1827, partage avec *Bach* la gloire d'occuper le sommet de l'art musical.

Ses Symphonies C'est avant tout le plus grand des symphonistes. Il a laissé, dans ce genre, neuf compositions, qui dans leur ensemble, forment une œuvre sans équivalent chez aucun musicien de tous les temps. Les plus célèbres sont : la troisième dite *symphonie héroique,* en mi-bémol inspirée par Bonaparte, et dédiée au Premier Consul ; la cinquième, en *ut mineur* ; la sixième (*la Pastorale*) et la neuvième, (*symphonie avec chœurs,* sur l'*Ode à la joie,* de Schiller) de superbes ouvertures, telles que celles d'*Egmont*, de *Coriolan* et de *Fidelio.*

Musique de piano Sonates

Pour le piano, Beethoven a laissé cinq concertos et trente-deux sonates qui constituent une portion non moins importante de son œuvre.

Il est d'usage d'attribuer trois manières au style des compositions de Beethoven : 1° celle datant de sa première jeunesse, où sa manière procède de Haydn et de Mozart ; 2° celle où, arrivé à l'âge mûr, il affirme par son génie, une personnalité propre, et enfin la troisième qui comprend les œuvres des dix ou douze dernières années de sa vie,où on trouve réunis tous les genres de beautés : poésie, noblesse de sentiment, passion, qui caractérisent au plus haut degré la musique de cet incomparable maître. Ces différents styles sont représentés dans les sonates pour piano dont les plus célèbres sont : *la Pathétique, l'Appassionnata, les Adieux — l'Absence — et le Retour*, la *Quasi fantasia ou Clair de lune ;* enfin, les quatre dernières, écrites dans le style de la troisième manière, et dans lesquelles, l'élévation de la pensée, l'intensité du sentiment et la richesse de la forme, en font des œuvres uniques dans leur genre.

Musique de Chambre

A remarquer dans sa musique de chambre, dix sonates piano et violon, dont la fameuse dédiée à *Kreutzer* ; quatre trios; dix-sept quatuors, œuvres aussi belles que ses symphonies et ses sonates de piano ; trois quintetti ; un sextuor et un septuor ; ajouter à cela un nombre important d'autres œuvres concertantes, entre autres, le célèbre concerto de violon.

Musique religieuse

Dans la musique religieuse, Beethoven a laissé aussi plusieurs œuvres, dont la plus célèbre est la *Grand'messe en ré majeur.*

Fidelio

Au théâtre, il n'a donné que l'opéra de *Fidelio*, appelé aussi *Léonore ou l'amour conjugal*, pour lequel il composa quatre ouvertures, dont la troisième est la plus connue sous le nom de *Léonore.*

Beethoven a été, en musique, le plus fidèle interprète du cœur humain, dans ses joies et ses tristesses ; il a traduit des sentiments profonds, dans une langue musicale riche et puissante.

Charles-Marie de Weber

Dans la 1re moitié du XIXe siècle, l'école allemande compte encore des musiciens illustres, tels sont : *Charles-Marie de Weber,* 1786-1826, chef de l'Ecole romantique; il personnifie une des faces du génie germanique. Très imaginatif, Weber traduisit, en musique, le monde féerique de ses rêves. C'est avant tout un génie dramatique. Il a laissé trois opéras, ou plutôt drames lyriques, qui sont des chefs-d'œuvre : *Freychutz*, *Obéron* et *Euryanthe*.

Weber témoigne, dans la composition de l'ouverture, d'une maîtrise que bien peu de musiciens ont atteinte ; il a moins bien réussi dans la symphonie et la musique de chambre, mais sa musique de piano est très estimée pour ses qualités de brio et de distinction.

Il commença sa réputation avec des chœurs d'hommes : chants patriotiques restés célèbres en Allemagne.

L'influence de Weber a été considérable, et s'est surtout fait sentir dans les œuvres de Mendelssohn, Schumann, Wagner et Berlioz.

Mendelssohn

Mendelssohn (1809-1847) est un artiste qui procède à la fois de l'école classique et de l'école romantique; ses œuvres sont l'image de sa propre nature. Il était mesuré dans ses actions, et d'un enthousiasme tempéré par la raison. Ses compositions sont empreintes d'un véritable cachet de distinction, et ont généralement plus de douceur et de charme que de puissance.

Ses symphonies, telles que : la *Symphonie italienne*, la *Symphonie cantate*, l'*Ecossaise* et la *Réformation* sont des compositions de grande valeur : cette dernière surtout est une œuvre puissante et d'un sentiment très élevé.

Ses oratorios, *Paulus*, *Hélias*, le premier surtout, mériteraient d'être exécutés plus souvent.

Des œuvres pour voix et orchestre : *Athalie*, *la Nuit de Sainte-Walpurge*, et surtout le *Songe d'une nuit d'été*, témoignent encore d'un talent bien personnel.

Dans l'ouverture, Mendelssohn fut aussi un maître : celles des *Hébrides*, de *Ruy Blas*, de *La belle Mélusine* et d'*Athalie*, figurent souvent aux programmes des grands concerts symphoniques.

Mendelsshon a écrit six sonates pour orgue qui doivent être classées au nombre de ses œuvres les plus remarquables.

Pour la musique de piano, il a abordé tous les genres : concerto, sonate, etc., mais il a surtout attaché son nom à un recueil de *Romances sans paroles* fort estimées.

Pour la musique de chambre, Mendelssohn a laissé des œuvres de valeur : sonates piano-violon, piano-violoncelle ; deux trios remarquables ; des quatuors et un otteto.

Schubert (1797-1828), est célèbre surtout par ses *lieder ;* c'est lui, qui le premier, a joint dans cette forme, à la richesse de la mélodie, un accompagnement véritablement musical et adéquat au sentiment du sujet, car, il s'est préoccupé beaucoup plus que ses devanciers de la pensée du poète dont il traduisait les œuvres en musique. **Schubert**

Ses *lieder* les plus célèbres sont : le *Roi des Aulnes*, la *Jeune religieuse*, l'*Ave Maria*, la *Sérénade*, les *Plaintes de la jeune fille*, la *Truite*, etc.

Schubert a écrit aussi des symphonies dont les plus remarquables sont celle en *ut* et l'inachevée en *si mineur* ; de la musique de chambre très estimée ; de la musique de piano ; mais ses *lieder* lui font une place à part dans l'histoire de l'art musical.

L'œuvre de Schubert est caractérisée par la richesse de l'invention et une prodigieuse fécondité.

Chopin (1809-1849), d'origine polonaise, appartient à l'école allemande par son **Chopin** éducation musicale ; il a presque exclusivement écrit pour le piano seul, et quelques œuvres pour piano et orchestre, notamment ses deux beaux concertos.

Chopin a abordé tous les genres, depuis le classique le plus pur jusqu'au romantique le plus fantaisiste. Dans son œuvre, on sent une âme vibrant au souffle des joies, des souffrances, des aspirations les plus élevées, des désespérances les plus tristes, qui formèrent la trame de sa vie. Beaucoup de ses compositions sont empreintes d'une sensibilité maladive, qui est comme la caractéristique de son œuvre.

Chopin a laissé des sonates, deux livres d'études remarquables, des préludes, deux concertos, des ballades, nocturnes, polonaises — dont une avec violoncelle — des valses, mazurkas. Chopin a, dans ces diverses formes, écrit des œuvres qui portent la marque de son génie. Les polonaises ont un caractère martial et valeureux et ses mazurkas un certain vague dans la phrase remplie de charme.

Il a innové en faisant du schezo un morceau complet en lui-même.

Il fut un virtuose du piano incomparable, surtout pour la finesse et la délicatesse de l'expression.

Schumann

Un des plus grands maîtres de l'Ecole romantique allemande est *Schumann* (1810-1856). Ce musicien a subi puissamment l'influence littéraire de son époque, notamment celle de Jean-Paul Richter. Ses œuvres sont des productions caractéristique de l'esprit inquiet et sceptique du siècle, en même temps que de sa propre nature, dont l'excès de sensibilité le conduisit à la folie.

Schumann a écrit des symphonies justement admirées. Sa musique de chambre est aussi remarquable ; ses ouvertures sont belles. Il a laissé des concertos. A citer, surtout le concerto en *la* pour piano, œuvre de toute beauté ; des compositions pour voix et orchestre, telles que le ***Paradis et la Peri***, le ***Pélerinage d'une Rose*** ; deux partitions de concert pour le ***Faust*** de Gœthe et le ***Manfred*** de Byron. Ses productions pour le piano sont très importantes, la plupart sont conçues en de petites pièces dans lesquelles Schumann sait enfermer un monde de pensées et de sentiments ; réunies en recueil, elles forment des poèmes dont le titre sert d'indication générale tels : les ***Kreisleriana***, les ***Kinderscenem***, les ***Albunblatter***, les ***Bunteblatter***, les ***Novellettes***, les deux ***Carnaval***, les ***Papillons***, les

Davidsbundlerstanze , l'*Humouresque* et surtout les *Etudes symphoniques*. Toutes ces œuvres témoignent de la richesse et de la variété de son inspiration. Audessus encore, il convient de placer la *Fantaisie*, opéra 17, dans laquelle il peint les joies et les tourments de son âme à l'égard de celle qui devait être un jour sa femme, la célèbre pianiste *Clara Wieck*.

Schumann est, comme Schubert, un des maîtres du lied allemand, avec un goût poétique encore plus cultivé et une intensité de sentiments plus grande. Schumann fut aussi un critique remarquable qui exerça une heureuse influence sur le goût musical de l'Allemagne.

Métronome Les termes allegro, andante, largo, etc. ne donnant que des indications de mouvement relatives et souvent trop vagues pour l'exécution de la musique ; un mécanicien allemand, nommé *Mœlzel,* inventa, quelques années avant 1816, époque à laquelle il en prit le brevet, un instrument appelé *Métronome*, pour battre automatiquement la mesure ; Beethoven célébra cette invention dans *l'allegretto* de la 8e symphonie.

QUESTIONNAIRE

Quel est le compositeur de génie qui, avec Bach, occupe le sommet de l'art musical ?

Où, et en quelles années est né et mort Beethoven ?

Dans quels genres de composition Beethoven s'est-il surtout illustré ?

Combien Beethoven a-t-il composé de symphonies ? Quelles sont les plus remarquables ?

Quelles sont les grandes œuvres que Beethoven a écrites pour le piano ?

Quelles sont les plus remarquables sonates de Beethoven, combien ce maître en a-t-il laissées ?

Quelles sont les productions de Beethoven en fait de musique de chambre ?

Qu'a produit Beethoven pour le théâtre ?

Quelles sont les principales ouvertures de Beethoven ?

Résumer l'œuvre de Beethoven ?

Quel est le chef de l'école romantique allemande ?

En quelles années est né et mort Weber ?

Donner la caractéristique du génie de Weber ?

Quels sont les trois grands drames lyriques de Weber ?

Dans quel genre Weber a-t-il montré une maîtrise toute spéciale ?

Quelles sont les dates de naissance et de mort de Mendelssohn ?

Quel est le caractère des compositions de Mendelssohn ?

Dans quels genres de compositions Mendelssohn s'est-il illustré ?

Citer quelques symphonies de Mendelssohn ?

Quelles sont les œuvres de Mendelssohn pour voix et orchestre ?

Citer quelques ouvertures de Mendelssohn ?

Quand Schubert est-il né, quand est-il mort ?

Qu'est surtout Schubert pour la postérité ?

En dehors du lied, quels sont les genres de compositions dans lesquels Schubert s'est illustré ?

Citer quelques lieder de Schubert ?

A quel pays et à quelle époque appartient Chopin ?

Quand Chopin est-il né et mort ?

Pour quel instrument Chopin a-t-il presque exclusivement écrit ?

Quels sont les genres de musique de piano que Chopin à cultivés ?

Dans quel genre de composition Chopin a-t-il innové ?

De quel instrument Chopin fut-il virtuose ?

Citer le plus grand maître de l'école romantique allemande après Weber ?

Quelles sont les dates de naissance et de mort de Schumann ?

Quelles sont les influences que Schumann a subies ?

Dans quel genre Schumann a-t-il écrit ?

Citer quelques unes des partitions de concert de Schumann ?

Citer quelques uns des recueils de petites pièces pour piano de Schumann ?

Dans quel genre de musique vocale Schumann s'est-il surtout illustré ?

Comment Schumann exerça-t-il son influence sur le goût musical allemand ?

Qui a inventé le Métronome, dans quel but ?

CHAPITRE IX

Première moitié du XIXe Siècle en Italie et en France

Rossini En 1792, naquit à Pesaro (Italie) un musicien dont l'influence fut immense, non seulement en Italie, mais dans l'Europe entière : c'est *Rossini.* Il est mort à Paris en 1868, où il était venu chercher la consécration de sa réputation artistique. C'est là, qu'il écrivit son chef d'œuvre, *Guïllaume-Tell.* Avant cette époque, il avait produit en Italie une quantité d'opéras dont le plus remarquable est le *Barbier de Séville,* dans le genre bouffe.

Musicien de génie, Rossini avait l'abondance et la richesse de l'inspiration; il sacrifia malheureusement trop souvent ses heureux dons de nature aux succès du moment ; il abusa des procédés faciles et consacrés, qui lui valurent des triomphes momentanés. Cependant, *Guillaume-Tell* et le *Barbier de Séville* demeurent, chacun en son genre, des œuvres de haute valeur artistique, et feront partie longtemps encore du répertoire des théâtres du monde entier. Dans la musique religieuse, il a laissé un *Stabat Mater* d'un style plus dramatique que religieux.

Bellini
Donizetti

Après Rossini, *Bellini* (1801-1835), *Donizetti* (1798-1848) se partagèrent les succès au théâtre. Bellini fut plutôt un musicien d'instinct; il manquait de science harmonique, et ses œuvres se ressentent de cette lacune. Néanmoins, par la beauté de leur mélodie, la *Somnambule* et la *Norma* eurent de grands succès.

Donizetti, mieux instruit, manque d'originalité, et ses compositions trahissent la hâte qu'il a mise à les écrire; malgré cela, la *Favorite*, *Don Pasquale*, *Lucie de Lammermoor* et la *Fille du Régiment* jouirent pendant longtemps d'une grande faveur.

Verdi

Verdi (1813-1901) est bien au-dessus de ces maitres italiens du XIXe siècle ; c'est vraiment un homme de génie, un grand musicien dramatique, qui sut bénificier des progrès de l'art de son époque, sans abdiquer sa nationalité ni sa personnalité.

Parmi les œuvres de la première manière qui ont eu le plus de succès, citons le *Trouvère*, la *Traviata* et *Rigoletto*. Avec *Aïda*, il entre dans sa nouvelle manière ; il l'agrandit encore avec *Otello*, et la modernise complètement avec *Falstaff*, sa dernière œuvre, qu'il écrivit à l'âge de 80 ans ; et la seule de ses compositions appartenant véritablement au genre comique. Verdi fit progresser sa science harmonique jusqu'à son dernier jour. Du *Trouvère* à *Otello* et *Falstaff*, la distance est considérable.

Influence de Rossini

Le premier tiers du XIXe siècle, marque en France la fusion des influences italienne et allemande : c'est l'époque romantique. Rossini exerce à ce moment une véritable fascination sur les musiciens français qui se modèlent sur lui, mais, ne pouvant atteindre à son génie, n'imitent que trop souvent ses défauts. Il faut tout de même constater que la verve et l'éclat du maître italien eurent une heureuse influence sur l'Opéra-Comique français.

C'est l'époque d'*Hérold*, d'*Halévy*, et d'*Aubert*.

Hérold

Hérold, 1791-1833, musicien instruit, est moins brillant que certains de ses contemporains, mais il a de la sensibilité et de l'émotion ; il est resté le musicien de *Zampa* et du *Pré aux Clers.*

Halévy

Halévy, 1799-1862, doué d'une remarquable intelligence, eut des succès à l'Opéra avec *Charles VI* et la *Juive ;* et, à l'Opéra-Comique avec l'*Éclair* et *Les Mousquetaires de la Reine* ; malheureusement, ces œuvres ont subi les injures du temps.

Aubert

Aubert, 1782-1871, fut avant tout un musicien fin et spirituel. Il s'assimila certains procédés de Rossini, mais sut garder sa personnalité, et, dans ses œuvres, il a eu le talent, par son esprit, sa grâce et sa légèreté, de faire aimer la musique à ceux qui ne l'aimaient pas. Ses partitions les plus célèbres furent : la *Muette de Portici*, grand opéra ; puis à l'Opéra-Comique *Fra-Diavolo*, les *Diamants de la Couronne*, l'*Ambassadrice*, le *Domino Noir*, *Haydée.*

Sa popularité fut immense, il fut directeur du Conservatoire de Paris, et on alla jusqu'à l'intituler chef de l'école française, alors que Berlioz, par exemple, n'arrivait pas à faire représenter ses œuvres en France.

Comédies à ariettes Principaux compositeurs

La comédie à ariettes eut à ce moment-là des compositeurs très prisés : Adolphe Adam, doué d'instinct scénique, mais peu original, et sacrifiant tout au succès du jour, eut un moment de célébrité avec *Si j'étais Roi, Le Postillon de Longjumeau, Le Chalet* et son fameux noël (*Minuit chétiens*), *Clapisson,* lourd et vulgaire, *Hypolyte Mompou, Beauplan, Grisar,* qui fit les *Porcherons, Bonsoir Monsieur Pantalon, Gilles le ravisseur ; Bazin,* qui donna *Le Voyage en Chine,* estaussi l'auteur d'un traité d'harmonie et d'un traité de contrepoint trés estimés ; *Victor Massé,* qui fit *Les Noces de Jeannette, Galatée, Paul et Virginie ; Aimé Maillard*, dont la partition des *Dragons de Villars* eut beaucoup de succès.

Meyerbeer

Bien que *Meyerbeer,* 1774-1864, soit allemand, il appartient, en quelque sorte, à l'Ecole française. Venu à Paris au moment de l'effervescence romantique, il fut un des chefs de l'Ecole éclectique. Après avoir écrit en Italie plusieurs œuvres dans le style italien, qui sont aujourd'hui oubliées, il donna à Paris les opéras qui devaient établir sa renommée : *Robert-le-Diable,* les *Huguenots,* le *Prophète, l'Africaine.* Son œuvre à l'Opéra-

Comique est moins importante ; elle se résume dans l'*Etoile-du-Nord* et le *Pardon de Ploërmel.* Meyerbeer, musicien d'un grand talent, mais recherchant comme Rossini le succès immédiat, consentit à de déplorables concessions au goût du jour ; aussi, certaines parties de ses œuvres font-elles tache dans l'ensemble de ses productions au style plein de grandeur.

Chanteurs

On ne saurait parler des œuvres dramatiques de cette période, sans nommer les admirables interprètes qui les firent valoir. Au commencement du siècle, on voit la *Ciampi*, créatrice des opéras de Rossini ; la *Grisi*, qui créa *La Norma* avec des succès éclatants ; la *Malibran*, grande chanteuse, et tragédienne admirable qui, par un heureux don de nature, possédait les deux registres de contralto et de soprano ; plus tard, sa sœur *Pauline Garcia*, *Mme Viardot*, l'admirable interprète des tragédies lyriques de Glück ; la *Pasta*, talent supérieurement dramatique ; la *Sontag* qui, avec une grande flexibilité de talent chantait tous les genres ; comme contralti : la *Pisaroni*, l'*Alboni*. La fin de la dernière période du chant italien est illustré par la *Patti*.

Les plus grands chanteurs de cette époque, sont le ténor *Rubini* et la basse *Lablache* qui vocalisait comme une prima-donna ; le baryton *Tamburini* ; le ténor *Ronconi*.

L'Opéra français eut pour principaux interprètes : Mme *Cinti-Damoreau*, merveilleuse chanteuse à vocalises. Comme chanteuses dramatiques, la *Branchu* et *Cornélie Falcon* qui a laissé son nom au genre de rôle qu'elle a créé ; Mme *Stolz* ; plus près de nous, Mme *Miolan-Carvalho*. Parmi les chanteurs, les deux ténors *Nourrit* et *Duprez* ; la basse *Levasseur* ; le célèbre baryton *Faure*, qui n'a abandonné la scène de l'Opéra qu'en ces dernières années.

L'Opérette

Vers le milieu du xixe siècle apparaît *l'opérette*, transfuge de l'opéra comique, qui a une parenté avec l'ancien opéra bouffe italien, et qui trop souvent, n'est qu'une parodie de l'art, faite avec talent. *Offenbach* et *Hervé* furent les créateurs du genre, mais, si le premier compte dans ses opérettes quelques œuvres non dépourvues de grâce et de sensibilité, le second abaissa le genre comique jusqu'à la bouffonnerie la plus inepte. Depuis, *Lecoq*, *Audran*, *Planquette*, d'autres encore, ont cherché à remonter le courant, et se sont efforcés à revenir au point de départ, c'est-à-dire au véritable opéra comique.

Ecole dramatique symphonique et pittoresque Française

Sous l'influence du romantisme littéraire de 1830, et aussi par la connaissance des chefs-d'œuvre de la musique instrumentale allemande, naissait, à côté de la musique de théâtre, une école symphonique dramatique et pittoresque française, qui eut pour chefs *Berlioz* et *Félicien David.*

Berlioz

Berlioz (1803-1869), est un génie ardent et passionné. Dans l'instrumentation, il a réalisé des progrès considérables et en a écrit un traité très estimé. Son orchestre est souple et varié, vivant et coloré. Berlioz affectionnait les grandes masses orchestrales. N'ayant pu se faire jouer au théâtre, ce sont surtout ses œuvres de concert qui ont fait sa réputation, et eurent une grande influence sur ses contemporains et ses successeurs. Ses principales partitions de concert sont : *Harold en Italie*, l'*Enfance du Christ*, la *Symphonie fantastique* : œuvre d'une originalité et d'une fantaisie peu communes et très personnelle ; *Roméo et Juliette*, la *Damnation de Faust* et son fameux *Requiem* pour les funérailles du général *Danrémont*, ses ouvertures du *Roi Lear*, des *Francs Juges* et du *Carnaval Romain.*

Pour le théâtre, il a écrit des chefs-d'œuvres presque inconnus en France, c'est en Allemagne et en Russie que Berlioz put trouver un dédommagement à l'indifférence témoignée pour ses œuvres dans son propre pays. La *Prise de Troie*, les *Troyens à Carthage*, *Benvenutto Cellini*, *Beatrix et Benedit* méritaient un meilleur sort.

Ecrivain distingué, Berlioz a écrit de remarquables articles de critique musicale et des œuvres originales et humouristiques.

Félicien David

Félicien David (1810-1876), a créé en France le genre de l'*Orientalisme*, en traduisant en musique les impressions et les émotions ressenties au cours de son voyage en Orient. Son orchestration, bien que moins riche et moins puissante que celle de Berlioz, n'est pas dépourvue d'intérêt. Ses succès au concert furent avec le *Désert*, ode symphonique, son chef-d'œuvre, l'*Eden* et *Moïse au Sinaï.*

David, plus heureux que Berlioz, a reçu un meilleur accueil de la part des directeurs de théâtre. Ses opéras *Herculanum*, la *Perle du Brésil*, et surtout *Lallah-Rouck* furent joués de son vivant et très applaudis.

Grandes sociétés de Concerts

Les grandes sociétés de concerts qui répandirent en France le goût de la musique symphonique sont : surtout celle du Conservatoire de Paris, créée par *Habeneck*, et les fameux concerts populaires de *Pasdeloup* ; plus tard, les concerts *Lamoureux* et *Colonne*, qui continuent à Paris, avec la *Société du Conservatoire*, l'œuvre si glorisieusement commencée par Habeneck et Pasdeloup.

QUESTIONNAIRE

Quel est le musicien italien dont l'influence fut immense dans le premier tiers du XIXe siècle ?

Quelles sont les dates de naissance et de mort de Rossini ?

Caractériser l'œuvre de Rossini ?

Quelles sont les plus célèbres partitions de Rossini ?

Quels sont les successeurs immédiats de Rossini ?

Quelles sont les œuvres les plus importantes de Bellini; quelles sont les dates de naissance et de mort de ce musicien ?

De qui sont les partitions de la *Favorite* et de *Lucie de Lamermoor* ?

Quand est né Donizetti, quand est-il mort ?

Caractériser en deux mots le talent de Bellini et celui de Donizetti ?

Quand est né Verdi, quand est-il mort ?

Quelle est la supériorité de Verdi ?

Nommer les plus célèbres œuvres de Verdi ?

Que marque en France le premier tiers du XIXe siècle ?

A quel genre de musique l'influence du style Rossinien fut-elle favorable ?

Citer trois compositeurs célèbres de musique dramatique dans la première moitié du XIXe siècle ?

Comment Hérold se distingua-t-il de ses contemporains, quelles sont ses dates de naissance et de mort ?

A quelle époque a vécu Halévy ?

Quels sont les principaux opéras d'Halévy ?

Quelles sont les qualités du talent d'Auber, quand a-t-il vécu ?

Citer les principales œuvres d'Auber ?

Quels sont les principaux compositeurs de comédies à ariettes de l'époque d'Auber ?

De qui sont *Si j'étais Roi* et le *Chalet* ?

Qui a fait le *Voyage en Chine* ?

De qui est la partition des *Dragons de Villars* ?

Quel est le musicien allemand qui appartient à l'Ecole française de la première moitié du XIXe siècle ?

Quand a vécu Meyerbeer ?

Quels sont les grands opéras de Meyerbeer ?

Citer les principaux chanteurs et chanteuses de la première moitié du XIXe siècle ?

Quelle est la créatrice des opéras de Rossini ?

Qui a créé la *Norma* ?

Quelle est l'actrice qui a donné son nom au rôle de forte chanteuse de grand opéra ?

Qu'est-ce que l'opérette ?

Quels sont les créateurs de l'opérette et les plus fameux compositeurs en ce genre ?

Quels sont les chefs de l'Ecole symphonique dramatique et pittoresque française ?

Quand est né et mort Berlioz ?

Où l'influence de Berlioz a-t-elle été le plus sensible ?

Quel est le caractère du génie de Berlioz ?

Quelles sont les principales partitions de concert de Berlioz ?

Quelles sont les œuvres théâtrales de Berlioz ?

Berlioz ne fut-il que musicien ?

Quel est le genre que Félicien David créa en France ?

Quand Félicien David est-il né, quand est-il mort ?

Félicien David réussit-il au théâtre ; quelles sont ses plus célèbres œuvres lyriques ?

Quel est le chef-d'œuvre de Félicien David, citer ses principales partitions de concert ?

Quelles sont les grandes Sociétés de concerts qui ont répandu en France le goût de la musique symphonique.

CHAPITRE X

Musique Moderne

ECOLES ALLEMANDE, TCHÈQUE, RUSSE, SCANDINAVE, BELGE, ANGLAISE ET FRANÇAISE

Tendances modernes

Les musiciens modernes tendent de plus en plus vers l'expression musicale de pensées et de sentiments purement littéraires et philosophiques ; la musique à programme en est la conséquence ; cette musique dans laquelle un commentaire est absolument nécessaire pour initier l'auditeur, et le conduire à travers les développements musicaux du sujet traité.

L'art moderne est aussi caractérisé par l'union intime du drame et de la symphonie. Cette fusion est surtout réalisée, dans l'œuvre de Wagner, qui en a fait une des conditions les plus essentielles de son esthétique.

Ecole Allemande Richard Wagner et son œuvre

Richard Wagner (1813-1883) domine de toute le hauteur de son génie la musique moderne. C'est une des gloires de l'école allemande.

Aussi grand musicien que grand poète dramatique, il a imprimé à son œuvre une puissante originalité qui la distingue de toutes les œuvres antérieures et contemporaines.

L'œuvre de Wagner consiste presque exclusivement en drames lyriques dont il a écrit les libretti et la musique.

Après quelques opéras, taillés sur l'ancien modèle, tels que : *Rienzi*, le *Vaisseau Fantôme*, *Tannhauser*, *Lohengrin*, il s'affranchit de toute contrainte, et, rêvant d'un art essentiellement allemand, il écrivit des œuvres magistrales : L'*Anneau des Niebelung*, œuvre en quatre parties d'où le nom de *Tétralogie*, comprenant 1° un prologue, l'*Or du Rhin*, 2° la *Walkyrie*, 3° *Siegfried*, 4° *Le Crépuscule des Dieux*.

Vinrent ensuite *Tristan et Yseult*, les *Maîtres Chanteurs*, et enfin *Parsifal* œuvre religieuse et mystique, qui est le couronnement de sa carrière artistique.

L'œuvre de Wagner est l'application des principes de Glück, auxquels il imprima sa puissante individualité. Son système a pour base le *leit-motiv*. On appelle ainsi une phrase mélodique, qui varie à l'infini de rythme, d'harmonie et d'instrumentation, et qui sert à caractériser un personnage, un sentiment, une situation, soit même un objet, tel le leit-motiv *de l'épée* dans *Siegfried.*

Wagner a fait construire à *Bayreuth*, grâce aux libéralités de Louis II de Bavière, un théâtre spécial pour la représentation de ses œuvres ; théâtre qui, pendant de longues années encore, aura seul en Europe le privilège des représentations de *Parsifal.*

A citer aussi dans l'école allemande : *Listz* 1811-1886, musicien remarquable mais inégal, dont les poèmes symphoniques ont tracé la voie à bien des musiciens, Saint-Saëns et Richard Strauss entre autres.

Célèbre pianiste, il a laissé de la musique de piano intéressante, des rapsodies hongroises au rythme bizarre et quelque peu sauvage.

Brahms, (1833-1897) remarquable dans la symphonie et surtout dans la musique de chambre ; à mentionner aussi son grand *Requiem* allemand ; de nombreux lieder et de la musique de piano qui sont l'œuvre d'un grand artiste. En Allemagne, *Brahms* est considéré comme étant le continuateur de Beethoven.

Raff 1822, compositeur de musique instrumentale, a échoué au théâtre, c'est un musicien instruit mais inégal. *Max Bruch* 1838, compositeur symphoniste, est surtout connu en France par le concerto de violon exécuté par Sarasate, œuvre qui ne manque pas d'élévation et d'éclat ; enfin *Johann Strauss*, comme compositeur de valses, s'est acquis un renom exceptionnel.

École Tchèque

A côté de l'école allemande, l'Ecole *tchèque* ou *bohémienne* a fourni des musiciens de valeur tels que : *Smetana* (1824-1884) dont l'opéra de la *Fiancée Vendue* a eu un succès européen ; et *Dvorach* (*Dvorchack*) 1841, qui a écrit des symphonies, de la musique de chambre, de piano et des opéras peu répandus.

École Russe

L'origine de l'école russe ne remonte pas au delà du XVIIIe siècle, et encore, à cette époque, subit-elle l'influence italienne, puis l'influence française. La caractéristique de cette école a pour base la chanson populaire, riche trésor, admirable de variété, d'intensité et d'accent.

C'est avec *Michel Glinka*, 1804-1857, que s'opère la fusion de la musique savante, avec la chanson populaire : son œuvre principale est son opéra, la *Vie pour le Tzar*.

La nouvelle école russe compte cinq grands musiciens ; *Balakirew, César Cui, Rimsky-Korsakoff, Moussorgsky* et *Borodine* qui, sans abdiquer leur personnalité, ont en commun certaines tendances. Parmi les jeunes *Glazounow* occupe le premier rang.

Il est deux russes qui appartiennent à l'école éclectique : *Tchaikowsky* et l'incomparable pianiste *Rubinstein*.

École Scandinave

Le fond de l'art scandinave, comme celui de l'école russe, est la chanson populaire, qui varie à l'infini de rythme et de couleur ; la caractéristique de cet art populaire est l'imprévu, le caprice bizarre et fantaisiste. Les danses nationales sont aussi riches et nombreuses.

L'origine de la musique scandinave n'est guère plus ancienne que celle de la musique russe.

Les chefs des écoles contemporaines sont : pour le Danemark, *Niels Gade* (1817-1890) et pour la Norwège, *Edouard Grieg* né en 1843. Ce musicien a abordé tous les genres, et jouit d'une grande faveur dans le monde musical; il résume, en quelque sorte, l'art populaire scandinave, tout en témoignant de l'influence de Mendelssohn et de Schumann.

École Belge

L'Ecole belge moderne compte des hommes de grande valeur : *Fétis* (1784-1871), *Gevaert* 1828, *Peter Benoît* 1834, chef de l'école anvernoise, sont à la fois musicographes et musiciens; le premier a laissé outre plusieurs traités théoriques un ouvrage important : « *La Biographie des musiciens* et une *Histoire de la musique* inachevée ». *Gevaert*, savant musicographe, a écrit *l'Histoire de la théorie de la musique dans l'antiquité*, suivie de la *Mélopée Antique*, œuvre considérable et précieuse; un *traité d'instrumentration et cours méthodique d'orchestration*, production non moins importante que la précédente; ainsi que plusieurs compositions lyriques très estimées, entre autres : *Quentin Durward*, opéra joué en France.

École Anglaise

Il faut arriver au XVIe siècle pour trouver un art national en Angleterre, et encore ne l'est-il pas franchement. A cette époque le musicien le plus remarquable est *Tye*; au

XVIIe siècle : *Taillis*, *Morley* et surtout *Byrd* et *Purcell*. Byrd est le plus grand musicien anglais de tous les temps ; il a laissé de la musique d'église, des madrigaux, des chansons et de la bonne musique d'orgue et de clavecin. *Purcell* a touché à tous les genres et eut une grande influence sur ses contemporains,

Au XVIIIe siècle, *Arne* qui s'illustra dans l'opéra, l'oratorio et la musique de clavecin. *Burney*, docteur en musique, qui a laissé une célèbre histoire de cet art.

Musiciens Allemands contemporains

Dans l'Ecole allemande contemporaine à citer :

Humperding, dont le petit opéra *Hensel et Gretel*, a fait le tour de l'Europe.

RichardStrauss, qui paraît s'être cantonné dans le poème symphonique, où l'on admire une pensée musicale toujours noble, des tendances élevées, accompagnées d'une instrumentation qui procéde de Berlioz, par la richesse des combinaisons.

Principaux Musiciens Italiens

En Italie, Verdi n'a pas laissé de successeurs dignes de lui. Il faut citer néanmoins son collaborateur pour les libretti d'*Otello* et de *Falstaff* : *Arrigo Boïto*, musicien remarquable, qui a écrit *Méphis-*

tophélès, opéra très estimé ; puis *Mascagni*, dont la *Cavaleria Rusticana*, son œuvre de début, eut un succès prodigieux ; Leoncavallo, avec les *Paillasses* et la *Bohème; Puccini,* avec sa *Bohème*, supérieure musicalement, à celle de *Léoncavallo*. Pour la musique religieuse, l'abbé *Perosi*, bien jeune encore, mais dont les œuvres, oratorios, messes, sont déjà très répandues, *l'abbé Perosi* est actuellement le maître de la chapelle Sixtine.

École Française contemporaine

L'Ecole française est brillamment représentée au concert, au théâtre, dans la musique de chambre et dans la musique d'Eglise.

Les principaux compositeurs sont d'abord : *Gounod*, dont l'opéra de *Faust*, donné en 1859, fut une révélation et devint le point de départ d'une nouvelle évolution de l'Art français, vers un idéal plus élevé que celui qui régnait au théâtre à ce moment. Gounod avait déjà écrit plusieurs œuvres sans grande importance, au point de vue musical ; il fit suivre son *Faust* de *Roméo et Juliette* et de *Mireille*, qui sont encore au répertoire. Gounod a écrit de la musique religieuse, entr'autres œuvres la *messe de Sainte-Cécile* et celle de *Jeanne-*

d'Arc qui sont très estimées ; des oratorios : *Tobie, Rédemption, Mors et Vita.*

Ambroise Thomas eut un succès prodigieux avec *Hamlet*, grand opéra, et surtout *Mignon*, opéra-comique.

Reyer, dont l'œuvre procède du génie de Berlioz, a écrit des œuvres de tout premier ordre, parmi lesquelles il faut citer en première ligne *Sigurd* et *Salambo.*

Saint-Saëns, le plus grand musicien de l'Ecole française contemporaine, s'est illustré non-seulement au théâtre avec *Samson et Dalila*, *Henri VIII*, *Etienne Marcel;* mais encore, occupe le premier rang parmi les symphonistes modernes, et sa musique de chambre ne le cède en rien à ses symphonies. Comme oratorio, il a écrit un chef-d'œuvre : le *Déluge.* Il a composé de la musique d'orgue et de piano dont cinq concertos remarquables ; un concerto de violon, et de la musique religieuse.

Massenet, dont le talent est surtout fait pour la scène, a vu ses œuvres se répandre dans le monde entier : *Manon*, *Esclarmonde*, *Werther*, le *Cid*, *Hérodiade* ont vu toutes les scènes d'Europe et d'Amérique. Son oratorio de *Marie-Madeleine* est une de ses œuvres les plus estimées.

Leo Délibes avec *Lackmé* et ses fameux ballets *Sylvia* et *Coppélia.*

Lalò, excellent symphoniste, a écrit un chef-d'œuvre dans le drame lyrique, le *Roi d'Ys*. Entr'autres œuvres: *Namouna*, un ballet qui est devenu une suite d'orchestre pour le concert, des concertos, une symphonie en *sol mineur,* et sa fameuse *Rapsodie Norvégienne.*

Bizet, mort trop jeune, après avoir écrit les *Pêcheurs de Perles*, œuvre légère mais gracieuse, a laissé un des opéras les plus riches d'originalité et de facture : *Carmen.*

Dans l'oratorio, la symphonie, la musique de chambre, la musique religieuse d'orgue et de piano, *César Franck* (1822-1890), a écrit des œuvres d'une très haute valeur artistique, telles que : les *Béatitudes*, *Rédemption, Psyché* ; les *Chorals* pour orgue. La symphonie en *ré mineur* compte parmi les meilleures productions en ce genre. Son œuvre de musique de chambre est à la hauteur de ses oratorios et de ses compositions symphoniques.

Vincent d'Indy occupe un des premiers rangs parmi les jeunes maîtres de l'école française contemporaine, soit par sa musique symphonique, soit par sa musique de chambre et ses opéras : *Fervaal* et l'*Etranger*.

La musique de chambre a aussi des compositeurs de valeur dans *Alexis de Castillon*, *Gabriel Fauré* et *Ernest Chausson*.

Théodore Dubois, musicien érudit, directeur du Conservatoire national de musique de Paris, a produit des compositions estimées dans la symphonie, la musique d'orgue et la musique religieuse; il a écrit aussi pour le théâtre. *Widor*, excellent organiste, a écrit des œuvres remarquables pour l'orchestre et le théâtre ; de la musique d'orgue, dans laquelle on remarque surtout des symphonies pour cet instrument seul.

Deux autres organistes de haute valeur artistique sont : *Guilmant* et *Gigoult*.

Notre école est si riche et si féconde, que nous ne pourrions, sans sortir du cadre proposé, énumérer tous les noms et toutes les œuvres ; mais pour ne citer que les principaux, nous devons encore une mention spéciale à : *Guiraud*, *Chabrier*, *Godard*, *Bourgault-Ducoudray* musicographe et musicien, *Arthur Coquard*, *Paladilhe*, *Lenepveu*, *Bruneau*, *Messager*, *Maréchal*, *Gabriel Pierné*.

Parmi les jeunes : *Gustave Charpen-*

tier que son opéra de ***Louise***, a mis en vedette, ***Claude Debussy***, dont l'opéra de ***Péléas et Mélisandre*** a donné lieu a de nombreuses divergences d'opinions dans le camp de la critique ; et enfin, ***Paul Dukas***, plein de promesses dans le genre classique de la symphonie et de la sonate.

QUESTIONNAIRE

Quelles sont les tendances de la musique moderne ?

Quel est le musicien dont le nom domine la musique moderne ?

Quelles sont les dates de naissance et de mort de Wagner ?

De quoi se compose l'œuvre de Wagner ?

Citer les principales œuvres de Wagner ?

Quel fut le protecteur de Wagner ?

Où Wagner construisit-il son théâtre ?

Quels sont les principes que Wagner a appliqués à son œuvre, sur quoi est basé son système ?

Citer quelques musiciens allemands de l'école moderne ?

Citer deux musiciens allemands représentants de l'Ecole tchèque ?

De quand date l'école russe ?

Quel est le fond de la musique russe ?

De qui est la *Vie pour le Tsar* ?

Quels sont les cinq grands musiciens de l'Ecole russe moderne ?

Citer deux musiciens russes appartenant à l'Ecole éclectique ?

Quelle est la base de l'art Scandinave ?

A quelle époque remonte l'Ecole scandinave ?

Quels sont les chefs des écoles danoise et norvégienne ?

Citer trois musiciens de l'école belge moderne ?

De qui est la biographie universelle des musiciens ?

Qu'a écrit Gevaert comme histoire musicale ?

A quand remonte l'Ecole musicale anglaise ?

Citer quelques musiciens anglais aux XVIe, XVIIe, XVIIIe siècles ?

Quels sont les principaux musiciens italiens contemporains ?

Quels sont les principaux opéras de Gounod ?

De qui sont *Hamlet* et *Mignon* ?

Quels sont les grands opéras de Reyer ?

Dans quels genres Saint-Saëns a-t-il écrit ; citer ses principales œuvres ?

Quelles sont les principales œuvres de Massenet ?

De qui sont *Lakmé* et les ballets de *Sylvia* et de *Coppelia* ?

Quel est le musicien du *Roi d'Ys* ?

Nommer le chef-d'œuvre de Bizet ?

Quelles sont les plus belle œuvres de César Franck ? Dans quel genre s'est-il illustré ?

Dans quels genres de compositions Vincent d'Indy a-t-il écrit ?

Citer quelques compositeurs de musique de chambre et de musique religieuse de l'école française comtemporaine.

Quels sont les compositeurs de musique d'orgue et les virtuoses sur cet instrument les plus remarquables dans l'Ecole française moderne,

Citer, en différents genres, les œuvres les plus en vue de nos musiciens contemporains.

Conclusion

Depuis le XIXe siècle, la bibliographie musicale a pris dans tous les pays, où la musique est en honneur, une extension considérable.

A la suite de savants hors de pair tels que : *Coussemaker*, *Ambros*, *Gevaert* et le docteur *Haberl* par exemple, nombreux sont les musicographes ayant traité un des sujets multiples relevant de l'histoire de l'art musical. Aussi, bien des problèmes de la musique des temps passés, obscurs jusqu'alors, ont reçu de nos jours une solution, grâce aux travaux de ces infatigables chercheurs.

D'autre part, une activité très grande règne dans le monde musical de tous les pays.

Sous l'influence d'une noble émulation, nous voyons les musiciens, les jeunes principalement, tendre vers des voies nouvelles. Avec les formes anciennes, ils combinent les innovations introduites par les maîtres modernes : l'art, comme la vie, est un continuel recommencement.

Le drame lyrique, d'origine grecque, rénové par Glück ; et l'orchestre de Beethoven agrandi par Berlioz, sont les éléments qui, fécondés par le génie de

Wagner, ont donné à la musique dramatique du XIXe siècle une orientation nouvelle.

L'emploi des chansons et des danses populaires ont, de leur côté, apporté un facteur puissant à la musique symphonique, qui ne fut jamais plus en honneur qu'elle ne l'est au temps présent.

Chaque pays tend de plus en plus à créér un art qui lui soit propre, un art national caractérisé par le génie de sa race.

L'avenir seul nous montrera les résultats atteints, par les œuvres produites.

Table des Musiciens

Cités dans ce Manuel

Table des Musiciens

Cités dans ce Manuel

Table des Matières

CHAPITRE V

CHAPITRE VI

CHAPITRE VII

CHAPITRE VIII

CHAPITRE IX

CHAPITRE X

Imp. Samat et Cie.

www.ingramcontent.com/pod-product-compliance
Lightning Source LLC
LaVergne TN
LVHW050416160826
845677LV00002BA/394